내가 경험한 교회개혁

믿음으로 벽을 넘다

내가 경험한 교회개혁

믿음으로 벽을 넘다

사람은 누구나 수고하고 무거운 짐을 다 지고 살아 간다. 예외가 없다. 나 역시 마찬가지다. 2010년 동도교회에 부임한 후 당회 실세와의 갈등, 노회 임원회의 부당한 네 번의 당회장직 정직, 노회조사위의 어처구니 없는 정신질환조사 요구, 서울대학교병원에서의 정신신경검사, 노회와 총회의 수 차례 재판들, 면직과 설교 중지, 교단 탈퇴. 그리고 교단 복귀와 복권에 이르기까지 숨막히는 드라마와 같은 시간을 하나님의 은혜로 통과했다.

옥광석 지음

도서
출판 첨탑

'이 책을 평생 아들을 위해 기도해 주신
나의 사랑하는 아버지,
올해 7월 14일 천국으로 먼저 이민 가신
나의 사랑하는 아버지,
옥치상 목사님께 바칩니다.'

| 추 천 사 |

충정교회 옥성석 목사

상황은 급박하게 돌아가고 있었다. 아니 비관적이라고 해야 더 정확할 듯 했다. 멀쩡한 목사가 정신병자로까지 내몰렸고, 총회재판국에서는 노회에서 판결한 '목사면직'을 확정해 버렸다. 이제 총회석상에서 재판국의 판결보고를 그대로 받기만 하면 모든 것이 끝나는 절체절명의 지경에까지 이르렀다. 교권이란 거대한 쓰나미가 덮치는 듯한 느낌으로 제99회(2014. 9. 22-26) 총회석상에 앉아 있었다. 한번 꺼낸 칼을 절대 그냥 칼집에 꽂지 않겠다는 분위기가 감지되고 있었다. 몇 년 전 세상을 떠난 사촌 형(故 옥한흠 목사)을 떠올렸다. '형님이 생존해 계셨더라면 이렇게까지 코너에 몰리지는 않았을 텐데⋯.' 바로 그 순간 '내가 있지 않은가!' 하는 음성이 들렸다. 급히 좌우를 살폈으나 입을 여는 자가 없었다. 하나님보다 형님을 의지하고 떠올린 것이 부끄러웠다. '발언권을 요청해 보리라.' 급히 메모지를 꺼내어 끄적거렸다. 총회재판국 보고는 일사천리로 진행되고 있었다.

드디어 '옥광석 면직안'이 상정되었다. 발언권을 얻었다. 바로 그 순간 증경총회장 석상의 한 분이 발언대 바로 코앞으로 자리를 옮겨 뚫어지게 응시하기 시작했다. 무언의 압력을 개의치 않고 입을 열었다. "옥광석 목사, 그는 이단이 아닙니다. 정신병자는 더더군다나 아닙니다." 좌중은 물을 끼얹듯이 조용해졌다. 발언을 이어갔다. 5분, 10분, 그러자 한쪽에서 항의하는 소리가 났다. "왜 발언제한시간 5분을 초과하느냐?" 하는 것이었다. 바로 그 때 등 뒤에서 "한 번 들어봅시다. 목사 하나가 죽고 사는 중요한 문제 아니에요. 좀 조용히 하세요." 총회장(백남선 목사)이셨다. 덕택에 30여분 동안 고신과의 합동(1960년), 환원(1962년)으로부터 시작하여 집안의 '뿌리'를 차분히 설명해 나갈 수 있었다. 곁에서 바라본 옥치상, 옥한흠이 얼마나 신실했으며, 교단 또한 얼마나 사랑했는지도 덧붙였다. 반전이 일어났다. 좌중의 95%가 이 건은 '노회로 다시 환부'시키자고 결의했다.

우리 집안은 섬 출신이다. 섬 내륙에 터전을 잡고 있었기에 바다와는 거리가 다소 있긴 했지만 바다의 생리는 어느 정도 터득하고 있었다. 큰 광풍이 몰아치면 그야말로 바다가 뒤집힌다. 무섭기 그지없다. 하지만 그 대풍으로 말미암아 산소가 바다 속 깊은 곳까지 유입되면서 정화되고, 무엇보다 많은 물고기들이 건강하게 자랄 수 있는 환경이 조성된다는 사실을 잘 안다. 때로는 '광풍'이 필요한 것이다. 그래서 나는 시편 107편을 좋아한다. 큰 광풍으로 인해 하늘로 솟구쳤다가 깊은 곳으로 곤두박질친다. 이리저리 구르며 취한 자같이 비틀거리고, 모든 지각이 혼돈에 빠진다. 하지만 하나님은 결국 '소원의 항구'에 다다르게 하신다(시 107:30).

동도교회는 지금 건강한 교회로 거듭나고 있다. 무엇보다 '기도'와 '말씀'이 뜨겁다(행 6:4). 공동체에 속한 하나하나가 '교회'가 얼마나 소중한 지를 살 깊게 체험하고 있다. 때문에 이번 일을 계기로 서로 뜨겁게 사랑하면서, 하나로 급속히 결속되고 있다. 그래서 동도교회를 보노라면 초대 예루살렘교회를 보는 듯하다(행 2:43-47). 무엇보다 이번 일련의 사건에 대처하는 동도교회 당회는 정말 돋보였다. 경험도 일천하고, 약점까지 노출된 '담임목사'를 보면서 왜 흔들림이 없었겠는가? 주변의 회유는 또 얼마나 집요했겠는가? 그래도 한 마음으로 똘똘 뭉쳐 위기를 극복해 냈으니 정말 오늘 이 시대 모든 교회에 귀감이 아닐 수 없다. 이제 '부흥'만 있을 뿐이다.

숙부이신 옥치상 목사(1930년생)는 지금 투병 중이시다. 수년 전 위암수술 후, 건강이 급격히 나빠졌고, 최근에는 '임종'을 준비해야 하는 큰 고비에 직면하기도 했다. 그런 가운데서도 아들의 장단점을 누구보다 잘 아는 아버지였기에 그야말로 '생명'을 걸고 동도교회와 아들을 위해 기도해 오셨다. 동도공동체의 부르짖음과 이 아버지의 절규가 어우러져 '긍휼하심'이 나타난 줄 확신한다(마 18:19). 그는 일생동안 진정 목회에만 전념하셨다. 언젠가 옥한흠 목사와 셋이 앉은 자리에서 갑자기 우리 손을 꽉 붙잡고선 "우리는 정치(교단)하지 말자. 목회에만 전념하자. 무엇보다 진실된 하나님의 종이 되자." 그리곤 마치 '도원의 결의'처럼 함께 기도했던 날을 나는 잊지 못한다. 가끔씩 전화를 드릴 때면 이미 '기운이 진한' 쉰 음성으로, 하지만 이 한 마디만은 빠뜨리지 않으신다(욥 42:17). "옥 목사, 위해서 새벽마다 기도한다. 니 동생 잘 부탁한데이." 떠날 기약이 가까운 그 아버지에게 이 책은 아들이 생전에 헌정하는 값진 마지막 선물이 될 것 같다(딤후 4:6).

충정교회 목양실에서
2017년 6월 30일
옥성석 목사

심창섭 교수

글을 보면 사람을 안다. 이 글은 상상 속에 그려진 지성인들의 지적 유희가 아니다. 한 젊은 목사가 목회현장에서 발생한 산사태와 같은 사건들을 극복하면서 겪은 현장 이야기다. 그는 고난의 행군을 통해 목회라기보다 인생을 배우고 경험한다. 사람을 더 깊이 알게 되고 좌절하기도 한다. 사건마다 예기치 못할 변수들이 잠재된 과정을 겪으면서 그는 외줄을 타는 곡예사와 같았다.

정신병자로 몰리고, 성령목사로 이단시비에 휩싸이고, 면직을 당하고, 노회 탈퇴를 당하는 등 목회초년생이 감당하기에는 너무 힘든 고통의 터널을 지난다. 수없이 진행된 재판은 피를 말리는 지루함으로 이어졌다. 그의 상대는 아무도 감당하지 못할 거물급이었다. 노회의 정치세력을 동원하여 옥 목사 죽이기에 총력을 기울인다. 거대한 정치적인 힘에 대항할 힘이 없는 양 같은 젊은 목사는 절규한다. '하나님! 이 잔을 내게서 떠나게 하소서! 아니면 감당할 힘을 주십시오! 아니면 제2의 고향과 같은 시카고로 다시 가게 해 주십시오!' 하나님은 아무런 응답을 주시지 아니 하신다.

긴 싸움은 계속된다. 그는 정말 좁은 길을 가야만 했다. 그러나 젊은 목사는 오랫동안 지속된 고난의 행군을 통해 자신의 모습이 새롭게 다져지고 변화되어 가는 것을 배운다. 더 인내하고, 더 말씀에 매달리고, 기도로 위로 받고, 찬양 가운데 소망을 갖게 되는 영적 힘으로 무장한다. 그는 이 사건을 통해 맑은 목회자의 모습을 가진다. 사람이 아니고 하나님 중심의 목회를 배운다. 항상 교회를 무너뜨리려는 악한 세력이 있음을 깨닫게 된다. 가족이 얼마나 큰 힘이 되는가를 감사한다. 원수들 앞에서 당당해야 함을 배운다. 바른 길을 가야 함을 알게 된다. 정치적인 힘이 아니고 진리의 힘에 매달려야 함을 경험한다. 내가 망가져도 주님의 몸 된 교회를 지켜내야 한다는 소명의식을 갖게 된다. 이 글 속에 나타난 사건들은 이러한 옥 목사의 모습을 잘 담고 있으며 우리 모두에게 감동과 교훈을 주는 내용으로 꽉 차 있다. 그래서 본서의 내용은 옥 목사가 어떤 사람이었고 또 어떤 사람으로 성장해 가는 가를 잘 서술하고 있다. 그리고 이 책은 옥 목사 개인의 이야기가 아니고 목회현장의 모든 목사들과 교인들이 공감할 수 있는 사건들로 가득 차 있다.

더 중요한 것은 뜻이 있는 당회원들과 신앙양심이 살아 있는 전 교인들이 함께 이루어낸 동도 교인들의 의로운 투쟁 이야기다. 목회자와 전 교인들이 진리의 말씀으로 어떻게 하나님의 교회를 지켜내었는가를 담은 아름다운 이야기이다. 이 책을 읽는 모든 분들에게 이와 같은 은혜가 임하길 소원한다.

GMS 선교전략연구소에서

2017년 6월 30일

심창섭(전 총신대신대원장 및 부총장)

'믿음으로 벽을 넘는 논리와 힘'을 함께 얻기 소원하며

최종천 목사

누구나 어려움을 겪을 수 있다. 해 뜨고 비 오며, 바람 불고 잔잔한 날이 반복되는 것처럼, 삶은 기쁨과 아픔이 교직되어 엮어지는 하나님의 작품이기 때문이다. 그러나 어려움이 있다는 것은 새삼스러운 것이 아니라 그 어려움을 어떻게 극복하였고, 그 극복 과정을 통해 무엇을 이루고 얻고 만들어졌는가가 중요하다.

옥광석 목사님은 상당히 소탈한 분이나 또한 멋도 있는 분이다. 펄럭이는 머리카락도 그렇고, 그 모습만큼 자유로운 영혼도 그러하며, 가식 없는 진솔함으로 그를 오래 바라보는 이들에게 가까이하고 싶어지게 하고, 오래할수록 그를 더 깊이 알고 싶게 만드는 친근함을 일으킨다. 그래서 그는 마주하고 있어도 부담이 없는 사람이고 목사이다. 교제의 시간이 흐를수록 그냥 곁에 함께 하고 싶다. 허함이 있음으로 실함이 있고, 여백이 있음으로 완성이 이루어짐을 보여주는 그런 분이다.

그 몇 년간의 시간이 꽤 어려웠을 것이고, 당황스럽고 황망한 지경 가운데서 분도 노도 실망도 허탈함도 많이 겪었을 것이다. 그러나 그는 이것을 그냥 스쳐간 과거의 한 장면으로 잊고 싶어 하지 않고, 그 한 가운데 다시 들어가 그것을 의미화하는 작업을 하고 싶어 한다.

누가 맞고 누가 틀리고, 누구는 좋은 사람이고 누구는 나쁜 사람이라는 초보를 벗어나, 그는 하나님의 시각을 설명하고 부끄러움과 절망의 시련에 처한 한 인생에게 하나님께서 펼쳐주시는 따뜻함과 은혜, 또 그것이 주는 힘을 서술하고 싶어 한다. 말하자면 그는 그를 변호하는 사람이 아니라, 하나님의 섭리와 그 백성을 인도하시는 하나님의 진실을 보여주고 싶어 하는 목사가 천직인 사람이다.

글은 하고 싶은 기대와 소망을 대표하기도 하고, 있어진 일과 사실에 대한 평가로 자신을 돌아보며, 그 나눔을 통해 스스로의 교훈과 공유할 교훈을 동시에 채취하기도 한다. 이 잘 풀어쓴 한 인생 한 목사의 고백적 간증의 글을 통해, 이 글을 읽는 이들이 그가 기도하는 '믿음으로 벽을 넘는 논리와 힘'을 함께 얻기를 소원한다.

필력이 있고, 진솔함이 있어 페이지가 잘 넘어간다. 그래서 이 글을 함께 읽기를 추천한다.

2017년 7월 11일
최종천 목사
분당중앙교회 담임/ 평양제일노회 노회장

| 추 천 사 |

소재열 목사

'대한예수교장로회 동도교회'는 '대한예수교장로회 총회(합동)'에 소속된 교회로서 교단총회가 추구하는 교리적 입장과 신앙고백, 그리고 장로회 정치원리를 충실히 유지하고 계승하고 있는 교회이다. 그러나 현 옥광석 목사가 담임으로 있는 그 시기에 동도교회는 교회의 정통성과 정체성을 유지하기 위해 많은 희생의 대가를 치러야 했다.

교회의 일부 교인들이 제기한 문제는 소속노회와 총회에서 커다란 이슈가 되었고, 그 과정에서 동도교회는 예기치 못한 커다란 혼란과 고통을 겪었다. 그 혼란은 교회분쟁이라는 현대교회가 피할 수 없는 불청객이었다. 소속노회가 담임목사를 면직하고 새로운 임시당회장을 파송하면 그 임시당회장이 지교회 법률행위의 대표자가 된다는 점에서 동도교회는 노회와 노회가 파송한 임시당회장에 의해 주도될 형편에 놓이게 되었다.

그러나 동도교회 당회와 온 교우들은 이를 잘 대처하였다. 한 문장으로 "잘 대처했다"라고 표현하지만 상상을 초월한 상황에서 교회를 지켜내기 위한 험난한 과정들은 이제 그 어떠한 외풍이 몰려

와도 교회를 지켜낼 수 있는 능력을 갖게 되었다. 이러한 과정 속에서 담임목사와 당회원, 교우들이 겪었던 아픔은 오히려 교회를 사랑하고 어떠한 상황 속에서도 교회를 지켜내야 한다는 의지의 고백으로 승화(昇華)되었다. 이번 옥광석 목사의「믿음으로 벽을 넘다」라는 작품에 이러한 사실들과 표현들이 그대로 드러나 있다.

　본 작품은 옥광석 목사와 동도교회가 어떻게 주님의 보호하심과 은혜 속에 교회를 지켜냈는지를 보여준 역사의 흔적들로 다음 세대에 귀중한 교훈이 될 것으로 보여 기쁜 마음으로 추천한다.

2017년 7월 12일
소재열 목사
(한국교회법연구소장)

| 글을 시작하면서 |

2013년 3월 28일에 《난 그렇게 죽었다》를 탈고했다. 동도교회 부임하기 10년 전 이야기와 부임 후 펼쳐진 2년 6개월 간의 이야기를 담았다. 이곳에 부임한 다음 해 1년 간 주일 강단에서 선포했던 느헤미야 강해 설교도 반쯤 실었다. 이후 더 복잡하고 힘겨운 일들이 펼쳐졌다. 하지만 모든 문제와 갈등이 하나님의 은혜로 해결이 되고 평화가 찾아왔다. 사람들은 이구동성으로 이 모든 일들이 기적이라 했다. 2015년 7월 24일에 글을 쓰고 싶은 마음이 들었다. 전날이 교회의 주요 현안이 종결된 날이었다. 만 3년 간 고통이 극에 달하기까지 해결의 실마리가 보이지 않던 교회 현안에 드디어 종지부가 찍혔다. 무척 기뻤다. 이 이야기를 중심으로 후편을 기록하고자 한다. 2014년은 목회와 인생에서 가장 힘들고 고통스러운 한 해였다. 노회와 총회 재판과 목사 면직 그리고 교단 탈퇴와 복귀. 지금 생각해봐도 고통스럽다. 어떻게 견뎠는지. 그런데 좋은 날이 와서 회고의 글을 쓰게 되었다. 하나님께서 모든 상황을 역전시키셨다. 깔끔하게 해결해 주셨다. 혹한기를 통과하고 봄을 맞이했다. 살아 목회하는 것이 은혜요 기적이다. 혹한기에 동사했다면 아마 꽃을 피우지 못했을 것이다. 그렇게 믿음으로 벽을 넘었다(히 11:1).

이 책은 전체 5부로 구성되었다. 각 부마다 10편의 글로 정리했다. 독자들이 각 에피소드마다 하나님의 은혜와 섭리를 발견하면 좋겠다. 연약한 종을 사용하시는 하나님께 감사드린다. 아들을 위해 평생 기도해 주신 아버지 옥치상 목사님(부산성동교회 원로목사)과 동도교회 모든 교우들에게 이 책을 헌정한다. 출판을 맡아 주신 도서출판 첨탑 대표이신 설규식 장로님께 깊은 감사드린다. 원고 수정을 맡아 준 김서연 전도사님에게도 고마움을 전한다. 또한 이 책이 출판되도록 물심양면으로 후원해 주신 당회원과 모든 분들에게 감사를 드린다. 무엇보다 이 책에 추천사를 써 주신 심창섭 교수님, 옥성석 목사님, 최종천 목사님, 그리고 소재열 목사님께도 깊은 감사를 드린다. 무엇보다 사랑하는 아내와 세 자녀에게 깊은 감사와 고마움을 전한다. 이 책은 고난 속에서 희망을 맛본 은혜와 체험의 간증이다. 고난 중에 있는 이들에게 희망의 불씨가 되었으면 하는 바람이다. 올해가 종교개혁 500주년이다. 이 책이 자그마한 개혁의 불씨가 되었으면 한다. 죄인을 친구삼아주신 예수 그리스도께 모든 영광과 감사를 올린다(요 15:15).

2017. 6. 29
옥광석

| 차례 |

4부 고난의 행군

5부 고난의 행군

1부

고난의 행군

2012년 말과 2013년에는 노회 조사위에서 정신병자로 몰려 조사받고, 몇 차례 불법 당회장직 정직으로 힘들었다. 정신신경검사도 받았다. 게다가 건강도 좋지 않았다. 2014년은 가장 힘들었다. 노회와 총회에서 이단으로 몰려 재판을 받았다. 네 차례 노회재판으로 면직을 받았다. 억울하여 즉시 총회에 상소했다. 그랬더니 상소한 날부터 총회 재판국의 결정이 날 때까지 주일강단에 설 수 없다고 했다. 그러나 소용없었다. 7월에는 총회재판국에서 재판을 받았고, 8월에는 총회재판국에서는 목사 면직 예심 판결을 받았다.

01
무인불승 유인필승(無忍不勝 有忍必勝)

"옥 목사님, 동도교회 목회를 그만두세요. 전임 두 분 목회 스타일과 너무 달라요."

"그만 둘 수 없습니다. 왜, 제가 그만두어야 합니까?"

"교회에 문제가 생기지 않았나요? 부임한지 2년도 안 됐는데. 교회에 문제가 생기지 않았나요? 탄원서와 고소장이 들어오지 않았나요?"

"그건 아주 지엽적인 문제입니다. 모두 불법이구요. 내용도 모함입니다. 특히 정신질환 이야기는 소설입니다. 바르게 목회를 하려고 하는 과정에서 생긴 일시적인 잡음입니다."

"그래도, 이제 동도교회에서 목회는 그만두세요."

"아니, 목회하다가 문제가 조금 생기면 목회를 그만두어야 합니까?"

"그건 아니지요. 40년 간 목회했는데, 지상전, 해상전, 공중전까지 다 당해봤어요. 그런데 다 참았어요. 목회는 참는 것이지요."

"맞습니다. 방금 목회가 참는 것이라고 말씀하셨습니다. 저도 계속 참고 동도교회에서 목회할 것입니다."

"나 참!"

황당한 정신과적 문제로 노회조사위원들(조사위)에게 조사를 받을 때 어느 한 분과 나눈 대화의 일부다. 지금 생각하면 코미디다. 우습고 황당했다. 하지만 당시에는 매우 심각했고 힘겨웠다. 문제가 생겼으니 목회를 그만두라고 했다. 그런데 그분께서 목회가 참는 것이라고 했다. 모순이다. 어쨌든 목회가 참는 것이라고 한 그분의 말 때문에 수세에 몰린 대화에 물꼬를 틀 수 있었다. 처음 당하는 노회 조사라 무슨 말을 해야 할지 두렵고 당황스러웠다. 그런데 유력한 분의 말 속에서 지혜를 얻어 사임 압박에서 반론을 제기할 수 있었다. 잘 참고 목회하겠다고 말씀 드렸다. 그분의 입장에서 보면 참 난감했을 것이다. 반론의 명분을 잃었기 때문이다.

대화는 논리와 설득이다. 논리가 사라지면 설득력이 상실된다. 그만큼 논리 정연한 언어가 중요하다. 그래서 어느 유명한 미국 신학교에서는 설교학의 정의를 'Logic on the fire'라고 한다. 성령께서 주시는 뜨거운 가슴에서 나오는 논리와 설득이 설교라고 한다.

교육전도사 시절이다. 총회장을 지낸 故신세원 목사님을 섬겼다. 참 멋진 목사님이셨다. 신사 중의 신사였다. 인격적이고 소탈하고 신실한 목사님이셨다. 목사님이 섬기신 교회에서 총신 신대원을 졸업하고 유학을 떠나기 전까지 만 3년을 교육전도사로 섬겼다. 목사님은 매 주일 사역을 마친 후 전 교역자를 목양실로 부르셨다. 그리고 목회에 도움이 되는 말씀을 참 많이 해주셨다. 그 가운데 늘 기억에 남는 것이 하나 있다. "무인불승 유인필승(無忍不勝 有忍必勝)" '참지 못하면 이기지 못하고, 참는 자가 결국 이긴다.' 즉 무슨 일이 있어도 잘 참으면 승리한다는 말이다. 그렇다. 참지 못하면 이길 수 없다. 만사가 다 그렇다. 참지 못하면 절대 이길 수 없고 뜻한 바를 성취할 수 없다. 힘들어도 참을 때까지 참아야 한다. 죽을 때까지 참아보아야 한다. 십자가를 참으신 예수님처럼(히 12:3) 참고 인내해야 한다. 그래서 성경은 언제나 참는 자가 복이 있다고 교훈한다(약 5:11).

그렇다. 인생은 참는 것이다. 참는 것이 인생이다. 그렇게 참다 보면 태산 같은 시련도 지나간다. 결국 다 지나가게 되어 있다. 인생은 고난 중에도 기대와 믿음으로 참고 가는 것이다. 참음이 인생을 인생답게 만들고, 신앙을 신앙답게 만든다. 참는 것이 힘이고, 능력이고, 실력이다. 유능한 자는 참고, 실력자도 참는다. 목회도 마찬가지다. 조사 중에 어느 유력한 분이 자신의 40년 목회 결산을 참을 '인(忍)'에서 찾았다는 말을 들었다. 참는 것이 진정한 목회 실력이다. 목회의 힘과 능력은 참는 데서 나온다. 이 근원이 바로 예수 십자가다(히 12:3).

십자가를 묵상하면 참는 힘이 생긴다. 신비요 은혜다. 목회만이 아니다. 신앙 여정과 인생 전체가 다 그렇다. 참는 것을 배우는 전 과정이 인생이요 또한 신앙의 여정이라 할 수 있다. 여호와 앞에서 길이 참고 견디는 자에게 형통의 축복이 임한다(시 37:7). 그렇기에 형통한 인생 경영은 언제나 자신의 선택에 달려 있다고 할 수 있다. 참을 것인지, 그렇지 않을 것인지는 전적으로 자신의 선택에 달렸기 때문이다.

'큰 파도가 유능한 선장을 만든다'는 말이 있다. 인생을 항해하다 보면 예상치 못한 큰 파도와 폭풍을 만난다. 무섭게 밀려온다. 어떻게 손을 써볼 수 없는 혼란스러운 상황이다. 예수님의 제자들도 깊은 밤 갈릴리 호수에서 광풍을 만났다(눅 8:23). 한계 상황이다. 이럴 때 할 수 있는 것은 자리를 지키고 상황을 조절하면서 참고 견디는 것이다. 예수님께 묻고 의지하면서 참아야 한다(눅 8:24). 이왕 참을 것이라면, 즐기면서 참아야 한다. 쉽지 않은 말이다. 그러나 그렇게 해야 한다. 나도 이 말을 처음 들었을 때는 이해가 되지 않았다. 그런데 겪어 보니까 이 말의 의미를 이제 알 것 같다. 거친 폭풍 중에도 좋은 날이 올 줄 믿고 기대하면서 참아내야 한다. 이것이 바로 인생 성공, 신앙 성공, 목회 성공으로 가는 첩경이다. 잘 참고 인내하는 자가 성공한다. 세상을 얻는다.

성경은 시련을 기쁘게 여기라고 강조한다(약 1:2). 역설적인 말이지만 정답이다. 어떤 고난과 시련도 기쁨으로 잘 참고 견뎌야 한다. 그래야 필시 좋은 날이 온다. 성경은 예수님께 '그리스도의 인내'라는 별칭을 붙인다(살후 3:5). 예수님께서 얼마나 잘 참으셨는지를 추론할 수 있는 대목이다.

예수님께 배울 수 있는 최고의 덕목은 인내다. "믿음의 주요 또 온전하게 하시는 이인 예수를 바라보자 그는 그 앞에 있는 기쁨을 위하여 십자가를 참으사 부끄러움을 개의치 아니하시더니 하나님 보좌 우편에 앉으셨느니라"(히 12:2). 얼마나 위대하고 귀한 말씀인지 모른다. 예수님의 십자가가 그것을 증명했다. 정말, 수도 없이 묵상하고 암송한 말씀이다.

십자가는 바라보는 이들로 하여금 고난을 참게 만드는 신비한 능력이 있다. 십자가를 바라보는 자만이 그 신비한 능력을 경험한다. 예수 그리스도의 삶 전체가 인내였다. 그 인내의 절정이 십자가다. 기쁨을 위하여 십자가를 참으셨기 때문에 인류 구원이 임했다. 부활이 임했다. 그리스도가 지신 고난의 십자가를 묵상하면 무엇이든지 참을 수 있다. 이것이 기독교 신앙의 힘과 능력이다. 이 사실을 직시한다면 예수의 제자는 어떤 환란과 고난 중에도 좌절하지 않는다. 고난의 배후에 즐거움과 기쁨이 있기 때문이다. 그 고난을 참고 통과한다. 인내하며 통과한다. 그리고 마침내 참고 승리한다.

나와 동도교회도 힘겨운 영적인 항전을 잘 참았다. 믿음으로 극복했다. 이 모든 것이 십자가를 묵상할 때 임한 능력 때문이다. 모든 교우가 예수 십자가로 하나가 되었다. 십자가의 예수님만 바라보고 모두 참고 인내했다. 이런 점에서 동도교회 교우들이 참 자랑스럽다. 특히 누구보다도 장로님들이 잘 참았다. 믿음으로 결단하여 인내했다. 참 존경스러운 분들이다.

그렇다! 목회도, 인생도 모두 참는 것이다. 그래서 프랑스인들은 "기다림이 곧 인생이라"고 했다. 라 퐁텐은 "인내는 모든 인생의 문을 여는 열쇠"라고 했다. 록펠러는 "목표를 달성하는 데 가장 중요한 것이 끈기"라고 했다. 괴테는 "조용한 끈기의 힘은 시간이 갈수록 엄청난 위력을 발휘한다"고 했다. 1년을 참고, 3년을 참고, 7년을 참고, 10년을 참고, 20년을 참고, 그렇게 30년, 40년, 50년을 참고 기다리는 것이 인생이다. 결혼 생활, 직장 생활, 신앙생활, 자녀 양육도 모두가 다 그렇다. 참는 것이다. 농사도 마찬가지다. 수고를 참고 견뎌야 수확의 큰 기쁨을 얻는다(시 126:5).

예수의 제자는 십자가 배후에 있는 기쁨을 위하여 고난 중에도 믿음으로 참아야 한다. 그렇게 믿음은 참는 것이다. 그래서 사도 베드로는 믿음이 있으면 덕을 쌓고, 덕이 있으면 지식을 쌓고, 지식이 있으면 절제를 연마하고, 절제가 있으면 인내를 쌓으라고 한다. 이렇게 인내가 연마되면 경건과 사랑이 세워진다(벧후 1:5-7)고 권면했다. 신앙생활도, 제자도도, 예수님 닮아가는 것도 모두가 다 참는 것이다. 참음이 중심이 되어야 주님의 신성한 성품에 참여할 수 있다. 신앙의 열매를 맺어갈 수 있다. 그러기에 성경을 배우고 또한 믿음의 주요 온전하게 하시는 분이신 예수 그리스도를 배우고 묵상하면서 예수님의 인내를 배우는 것이 신앙의 전 과정이라 할 수 있다(히 12:1-3). 건강한 신앙과 바른 믿음은 시간이 갈수록 참고 인내하게 만든다.

잘 참는 자가 신앙생활과 인생 경주에 승리한다. 승리는 참는 자의 몫이다. 잘 버티는 자가 생명의 면류관을 차지한다(약 1:12). 그렇다. 잘 참고 버티면 복이 임한다(약 5:11). 좋은 일이 찾아온다. 그렇기 때문에 시련을 축복의 기회로 생각하고 기쁨으로 참으면 좋은 일이 생긴다(약 1:2). 이것은 진리다. 시련은 참으라고 있는 것이다(약 1:4). 즐기라고 있는 것이다. 서핑의 짜릿함처럼 맛보면서 즐기라고 있는 것이다. 그렇다고 믿는가? 시련을 당할 때 십자가를 참으신 예수님을 바라보라. 믿음으로 기도해 보라. 말씀을 붙들고 씨름해 보라. 인내가 생기고, 참는 힘이 생길 것이다. 신비한 십자가의 은혜가 임할 것이다. 이것 때문에 십자가의 은혜와 능력이 늘 필요하다. 이것 때문에 날마다 우리는 주님의 십자가를 묵상해야 한다. 참고 인내해야 할 일이 나와 우리 주변에 얼마나 많은지 모른다.

시련이 닥쳐오자, 온 교우는 십자가의 주님을 바라보았다(히 12:2-3). 십자가의 믿음으로 하나 되었다(빌 2:2). 고난의 배후에 다가올 기쁜 날을 위하여 믿음으로 한 마음이 되었다. 한 마음으로 기도했다. 전쟁이 여호와께 속한 줄 알고 믿음으로 기도했다(삼상 17:47). 주의 말씀을 붙잡았다(시 119:107). 그렇게 영전(靈戰)에 임했다. 승리를 확신하고 임했다(히 11:1). 정직하니까, 잘못한 게 없으니까 두려움도 없었다. 손해 볼 것도 없었다. 정직과 진리는 언제나 승리하기 때문이다. 그렇게 전심으로 여호와를 의지하며 구했다(대하 16:9). 그 결과 여호와께서 위대한 승리를 주셨다. 덕분에 동도교회는 '인내'라는 성령의 열매를 더 많이 맺었다(갈 5:22). 이제 인내의 축복을 누리고 있다.

지금은 얼마나 교회가 평안하고 화목한지 모른다. 미래를 논하고, 행복과 꿈과 희망을 논한다. 장차 부어주실 하나님의 영광과 축복을 기대하며 꿈꾼다. 모두가 다 행복한 교회생활을 하고 있다. 신나는 교회 생활을 하고 있다. 그렇게 행복도 참는 자의 몫이다.

고난의 날에는 참아야 한다. 그래야 이기고 승리한다. 결국 신앙과 인생의 행복과 승리는 잘 참고 견디는 자의 몫이다(욥 14:14). 오늘도 잘 참았는가? 지금도 잘 참고 있는가? 그렇게 잘 참고 왔는가? 그렇다면 당신은 승리자요 행복자다. 폭풍이 불지 않아도 바다에는 언제나 파도가 친다. 파도가 치기 때문에 바다다. 인생과 신앙도 그렇다. 고난이 있기에 인생이다. 세찬 파도와 폭풍도 참으면 필시 좋은 날이 온다. 주님과 함께 하면 폭풍은 결국 잠잠해진다. 이것이 예수님과 동행하는 자가 누리는 특권이요 축복이다. 말씀으로 꾸짖어 폭풍을 잠잠케 하시는 예수님을 바라보며 살아야 한다(마 8:26).

02
두 번째 복기

바둑에서 승부가 끝나고 방금 끝난 바둑을 놓고 승자와 패자가 그대로 다시 두는 것을 '복기(復棋)'라고 한다. 바둑 기사들은 복기를 통해서 자신이 둔 게임을 점검한다. 승자는 승리의 원인을 돌아보고, 패자는 다시 이길 수 있는 길을 스스로 찾는다. 따라서 복기는 프로 기사에게 다음 승부를 위한 소중한 시간이요, 뜻 깊은 시간이다. 투자인 동시에 승리를 꿈꾸고 준비하는 시간이다.

복기는 이기는 습관을 만들어준다. 패배한 대국의 복기는 이기는 준비를 만들어준다. 바둑의 고수 조훈현 씨의 책을 보면, 바둑의 고수들이 복기를 하는 목적은 과거의 부정적인 생각과 실패의 기억을 털어버리는 것이라고 한다. 동시에 패착을 밝혀내고 이길 수 있었던 길을 찾아내기 위한 것이라고 한다. 말 그대로 자기 성찰과 자기 반성이 복기인 셈이다.

바둑뿐만 아니다. 모든 일에 복기가 필요하다. 중요한 일일수록 더 그렇다. 숙고하고 반성하는 시간이 필요하다. 혼자 동굴에 들어

가는 시간이 필요하다. 복기는 더 나은 미래를 만들기 위해 자기를 성찰하는 시간이요, 바른 역사의식을 세우는 시간이라 할 수 있다. 내가 다시 펜을 든 이유도 여기에 있다.

앞으로 전개될 더 나은 미래목회, 승리하는 목회, 행복을 주는 목회를 위해 고난의 지난 시간들을 복기한다. 힘겨웠던 동도교회의 목회를 복기한다. 과거의 아픔과 다시 대면한다. 2013년 7월 10일 도서출판 첨탑을 통해서 《난 그렇게 죽었다》를 출판했다. 이 책은 동도교회 부임하기 전 목회와 동도교회 부임 이후에 펼쳐진 초기 목회 여정의 복기다. 그리고 이 두 번째 책은 이후 동도교회에서 펼쳐진 목회 여정에 대한 이야기다. 가장 처절했던 목회 여정의 복기라 할 수 있다. 모든 분쟁이 종식되기까지 만 3년, 36개월의 복기다. 미래목회의 준비와 승리, 그리고 자아 성찰과 목회적 성숙과 발전을 위한 의미 있는 복기라고 할 수 있다.

사실 모르는 바가 아니다. 더 큰 역경과 난관을 통과한 목회자가 많다. 하지만 고통과 환란은 상대적이다. 어떤 사람에게 큰 고통과 환란이 다른 이에게는 별 대수롭지 않은 일로 여겨진다. 반면에 어떤 사람에게 별 대수롭지 않아 보이는 고통이 다른 이에게는 엄청난 고통으로 다가간다. 크고 작은 고통은 각각 나름대로의 가치와 교훈이 있다. 그래서 모든 고통에는 교훈이 있다. 그래서 우리는 고통을 인생 교사요, 선생이라고 부른다. 수많은 역사의 인물들이 고통을 통해 인생과 신앙을 깨우치고 배웠다. 그리고 위대한 인물로 거듭났다. 그리스도는 고난을 통해서 부활로 나갔다. 시편 기자는 고난 받는 것이 자신의 인생에 가장 큰 배움과 유익이었다고 고백

한다(시 119:71). 고난 없는 인생은 그 어디에도 없다. 고난을 통해서
인생을 배운다.

《실락원》은 17세기 영국이 낳은 위대한 문호인 존 밀턴이 실명의
위기 속에서 탄생한 위대한 작품이다. 마쓰시다의 창업주 마쓰시
다 고노스케 역시 하나님이 주신 세 가지 은혜 덕분에 자신이 성공
했다고 밝혔다. 극한 가난과 허약한 몸, 그리고 초등학교 밖에 다니
지 못한 무학(無學)이었다. 결코 성공할 수 없는 고통스러운 조건들
이 그를 성공으로 이끌었다는 것이다. 시련과 역경을 극복하는 과
정 속에서 지혜를 얻고 성공의 길을 걸은 것이다.
　칭기즈칸은 어린 시절 가난하고 어려운 환경과 무지를 경험했다.
글도 몰랐다. 하지만 그 모든 것을 극복한 후에 위대한 역사의 한
획을 긋는 인물이 되었다. 새로운 정신요법인 로고테라피 학파를
창시한 유대인 의사 빅터 프랭클 역시 나치의 수용소에서 극한 고
통을 극복한 후, 창조적인 많은 글을 썼다. 사도 바울은 또 어떤가?
극한 육체적 고통과 말할 수 없는 죽음의 위기를 믿음으로 극복했
다. 그는 감옥을 도서관 삼아 많은 성경을 저술했다. 바울의 저작이
라고 명백하게 밝혀진 신약성경만도 열세 권이나 된다. 이렇듯 바
울이 모진 고통과 역경을 인내로 잘 참고 극복했기 때문에 위대한
사도로 남을 수 있었던 것이다. 고난을 인내로 극복했기에 인류 최
고의 걸작품인 성경이 만들어질 수 있었다. 성경의 첫 다섯 권의 저
자인 모세 역시 엄청난 고난을 통과해야 했다. 그렇게 성경은 고난
속에 피어난 보석이다. 그렇게 고난 중에 깨달으면 언제나 희망은
있다.
　고난은 평범한 인간을 비범하게 만들고, 위대한 인간으로 성장시

킨다. 고난은 교만한 인간을 겸손하게 만든다. 고난은 교만하고 미성숙한 인간을 성숙하게 만드는 용광로다. 고난을 통한 교훈은 하나도 버릴 것이 없다. 고난을 통과한 자는 그렇게 성숙과 자비의 사람으로 변화된다. 고난의 역사를 잊지 않는 민족과 나라는 번영한다. 교회도 마찬가지다.

사람은 누구나 수고하고 무거운 짐을 다 지고 살아간다. 예외가 없다. 나 역시 마찬가지다. 2010년 동도교회에 부임한 후 당회 실세와의 갈등, 노회 임원회의 부당한 네 번의 당회장직 정직, 노회조사위의 어처구니없는 정신질환조사 요구, 서울대학병원에서의 정신신경검사, 노회와 총회의 수차례에 걸친 재판들, 면직과 설교 중지, 교단 탈퇴. 그리고 교단 복귀와 복권에 이르기까지 숨 막히는 드라마와 같은 시간들을 힘겹게 통과했다.

지금 생각해 보면 어떻게 이 힘겨운 시간들을 통과했는지 알 수 없다. 하나님의 은혜로 밖에 설명할 길이 없다. 하나님의 은혜가 아니었다면 동도교회에서의 목회는 벌써 종지부를 찍었을 것이다. 그런데 이렇게 자리를 지키면서 강단에서 말씀을 선포하고 있다. 이 모든 것이 하나님의 은혜요 신비다. 하나님의 은혜가 없었다면 이 모든 것이 불가능했을 것이다.

그러기에 모든 것이 은혜다. 한량없는 은혜다. 내 삶을 에워싸는 하나님의 은혜다. 고난의 시간을 통과하면서 참 많이 부른 찬양이 있다. 〈하나님의 은혜〉라는 찬양이다. 부를 때마다 감동이 임했다. 힘이 되고, 위로가 되었다. 그렇게 하나님의 은혜는 약한 나를 강하게 만들었다. 그렇게 은혜에 사로잡혀 사망의 음침한 골짜기를 통과했다(시 23:4). 그리고 이렇게 푸른 초장 쉴 만한 물가로 안착했다(시 23:1). 필시 미국에서 이억 만 리 태평양을 건너 이 교회로 인도하신 데에는 하나님의 분명한 목적이 있을 것이라 믿었다. 이 교회로 보내신 분이 여호와 하나님이심을 믿었다. 그렇게 주저 없이 믿음으로 다시 서울 땅을 밟았다.

'나를 지으신 이가 하나님 나를 부르신 이가 하나님

나를 보내신 이도 하나님 나의 나 된 것은 다 하나님 은혜라

나의 달려갈 길 다 가도록 나의 마지막 호흡 다 하도록

나로 그 십자가 품게 하시니 나의 나 된 것은 다 하나님 은혜라

한량없는 은혜 갚을 길 없는 은혜 내 삶을 에워싸는 하나님의 은혜

나 주저함 없이 그 땅을 밟음도 나를 붙드시는 하나님의 은혜'

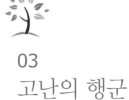

03
고난의 행군

　2015년 7월 23일로 거슬러 올라간다. 이 날 총회에서 파송된 노회분립위원회의 중재로 교회 모든 현안에 대한 합의가 이루어졌다. 그리고 두 주 후인 8월 2일 주일 오후예배에 교단 내에서 가장 저명한 교회역사학자이신 어느 교수님을 강단에 초빙하여 말씀을 들었다. 학창 시절부터 그 교수님의 강의를 좋아했다. 참 신선했었다.

　만 3년간 지루하게 끌던 교회 현안이 종료되어 누구보다 교회역사학자의 설교를 교우들과 같이 듣고 싶었다. 교수님은 이 날, '진리가 너희를 자유케 하리라'는 제하의 설교를 했다. 오랜 시간 힘겨운 시간을 보내며 사투를 벌인 온 교우들은 교수님의 설교에 적잖은 위로와 은혜를 받았다.

　'동도교회 교인 여러분! 여러분은 그 동안 엄청난 고난의 행군을 했습니다. 왜요? 진리 편에 서 있었기 때문입니다. 여러분은 끝까지 포기하지 않고, 타협하지 않고, 진리를 위해서 고난을 받으면서 승리한 것입니다. 옥 목사님, 원로, 은퇴 장로님들, 당회 장로님들, 권사님들, 집사님들 그리고 교인 여러분이 진리 편에 서서 교회를 지킨 이 거대한 역사로 말미암아 하나님께서 영광을 거두신 줄로 믿습니다……

그 동안 여러분은 교회 정치꾼들이 행하는 불의한 모습을 보고 실망과 분노가 많았겠지만, 여러분의 영혼과 양심은 언제나 평안했을 줄 믿습니다. 왜? 여러분은 아무 잘못을 범하지 않으셨으니까. 이것이 양심의 자유입니다. 그 동안 너무 억울하고 분해서 하나님께 매달려 기도했던 여러분은 하나님께서 보상으로 채워주신 양심의 자유와 영혼의 평안함에 대해 감사해야 할 것입니다. 고난 중에도 내가 죄를 짓지 않았기 때문에 양심의 자유와 영혼의 평안을 누릴 수 있었던 진리! 이것이 기독교인이 누리는 신앙의 힘입니다. 내가 신앙 양심에 거슬리는 일, 말씀에 반하는 어떤 일도 아니했으므로 떳떳하고 행복하도다! 이것이 우리의 고백이 되어야 할 줄 믿습니다. 이것이 하박국 선지자의 신앙 고백입니다……

이번 사건을 통해 하나님께서 동도교회를 업그레이드시킨 줄 믿습니다. 이런 경험은 돈 주고도 못 사잖아요. 이제 여러분은 진리 앞에 담대해졌습니다. 하나님이 이 사건을 통해 우리의 기도를 업그레이드시켰고, 말씀도 업그레이드시켰고, 실제적인 삶도 업그레이드시켰고, 하나님의 은혜도 배가 업그레이드되었고, 교인들이 하나같이 단결되어 업그레이드되었습니다……

태풍이 지난 후에 세상이 달라지듯이 하나님께서 이번 사건을 통해 이전의 동도교회를 완전히 새롭게 리모델링시키신 것입니다. 여러분이 이렇게 하나같이 뭉치지 아니했다면 절대로 승리하지 못했을 것입니다. 장로님들! 존경하고 사랑합니다. 권사님들! 집사님들! 전교인 여러분! 사랑하고 존경합니다……

하나님, 교만하지 않게 해 주시옵소서. 아무도 자랑하거나 교만해서는 안 됩니다. 공로를 내세우면 그때부터 시험이 시작됩니다. 논공행상은 안 됩니다. 모두 이전보다 더욱 겸손하게 진리인 예수님의 말씀에 순종하는 분들이 되어야 할 것입니다. 하나님께 영광 돌리는 것은 기본이고, 이제는 여러분께 격려와 칭찬과 찬사를 보내고 싶습니다.

　동도교회 교인 여러분! 고난 중에 잘 견디었습니다. 그게 다 하나님의 은혜인 줄 아시기 바랍니다. 불의와 타협하지 않고 끝까지 승리했습니다. 기도로 승리했습니다. 말씀을 의지하고 정말 잘 버티었습니다. 모두들 사심 없이 교회를 위해 하나가 되었기에 가능한 일이었습니다. 감사합니다. 하나님께서 여러분을 미쁘게 여기시고, 동도교회 교인 여러분들로 말미암아 즐거워하실 줄 믿습니다.'

　그렇게 나와 동도교회는 교회 정치꾼들과 교권주의자들의 불의를 보고 실망했다. 그래서 거룩한 의분을 토했다. 그리고 진리의 말씀인 성경대로 저항(프로테스탄트)했다. 과거 어두웠던 역사 속에 개신교가 갔던 길을 갔다. 이 저항의 몸짓은 엄청난 고난의 행군을 초래했다.

　진리 편에 서면 필시 고난이 따른다. 그래도 우리는 진리 편에 섰다. 고난을 당하더라도, 손해를 입고 쫓겨나더라도, 죽는 한이 있어도 불의와 타협하지 않으리라는 각오와 믿음으로 끝까지 한 마음으로 전진했다. 의를 위해 박해 받은 것을 오히려 기쁨으로 여겼다(마 5:10-12). 믿음으로 행군했다. 그리고 마침내 승리했다. 기도의 승리요, 믿음의 승리였다. 온 교우가 의와 거룩으로 한 마음이 되어 위대한 승리를 거두었다. 이 승리로 우리 모두는 교수님의 설교 말씀대로 양심의 자유와 기쁨을 누리게 되었다. 불의와 타협하지 않고 저항하며 종교개혁가의 후예로서 부끄럽지 않게 싸웠다. 그래서 우리 교우들에게 2017년 종교개혁 500주년은 더욱 뜻 깊다.

04
최종 협상

2015년 7월 23일 목요일, 총회분립위원회는 양측 대표들과 분립될 노회 대표들을 대치동 소재 예장 합동 총회회관 5층 회의실로 불렀다. 이 날 약속 시간은 오전 11시 30분. 나와 대표장로님들은 99회 총회 결의대로 속히 총회분립위원회(분립위)에서 본 교회를 '가칭 평양제일노회'로 소속시켜 줄 것을 요청했다. 총회임원회에서는 벌써 두 번씩이나 동도교회가 원하는 노회로 소속시키라는 결정을 내렸다. 분립위는 총회장의 명의로 노회에 지시 공문까지 하달하였다. 이제 노회임원회는 총회에서 결의된 지시만 그대로 수용하여 실행하기만 하면 된다. 그러나 노회임원회는 총회의 지시를 거부했다. 상식적으로 이해하기 어려웠다. 그래서 협상은 난항이었다. 하회가 상회의 지시를 거부하여 또 다른 문제가 발생했다. 힘 겨루기였고 버티기였다. 물밑 접촉이 여러 차례 있었다. 사법에서도 여러 가지 법적 공방이 계속 되었다. 드디어 최종 협상의 날이 왔다. 다섯 시간의 긴 마라톤협상 끝에 마침내 최종 합의에 이르렀다. 양측이 한 발씩 물러섰다. 우리는 많은 양보를 했다. 사법에서도 우리 측이 완전 승소했다. 상대는 선택의 폭이 좁아졌다. 우리는 분립위의 요구대로 승자의 관용을 베풀었다. 개척 지원금으로 일정 금액을 상대에게 지원하기로 했다. 그리스도의 용서와 사랑과 관용의 정신으로 마침내 합의문에 서명했다.

총회회관을 떠나 삼성동 공증 사무실에서 양측이 마주 앉았다. 큰 고통을 준 장본인들과 동석했다. 굉장히 불편했다. 다섯 시간 동안이나 총회회의실에서 마주 대했다. 그리고 변호사 사무실까지 와서 마주 대했다. 마음이 무거웠다. 공증을 마치고 헤어졌다. 그제야 평안이 찾아왔다. 최종 합의로 교회의 분쟁은 종식되고, 교회는 안정을 찾았다. 하지만 내심 억울한 면도 없지 않아 있었다. 무엇보다 그 동안 개인적으로 당한 수모와 고통을 생각하면 억울하고 분했다. 나에 대한 좋지 않은 루머와 기사들이 인터넷을 도배했었다. '정신질환 목사, 이단 목사'로, 그렇게 엄청난 문제가 있는 목사인양 인터넷에 기사로 도배되었다. 이것이 마음 아팠다. 누가 이 정신적 피해를 보상해 준단 말인가? 부모 형제 그리고 자녀들이 받은 상처는 너무나 컸다. 누구보다 세 자녀에게 미안했다. 상처를 많이 받았다. 목사에게 정신적인 문제와 이단 문제는 치명적이다. 게다가 면직까지 받았다.

분하고 억울했다. 교권과 불법과 금권으로 야합한 이들이 멀쩡한 사람을 정신병자로 몰았다. 이단으로 몰아 인격 살인을 했다. 수단과 방법을 가리지 않았다. 교회 대표인 위임목사를 편법과 불법과 악행으로 교회에서 쫓아내려고 한 상대를 생각하니 분하고 원통했다. 사나이답지 못하고 비열하고 치졸한 이들이었다. 마음 한 구석에는 증오와 복수심으로 불탔다. 그런데 어떻게 하겠는가? 나는 예수 믿는 사람이다. 더욱이 성직을 맡은 목사다. 화해와 용서를 전하는 자다. 그래서 모든 것을 주님께 맡겼다(벧전 5:7). 주님 가신 십자가의 길을 묵상했다. 고난을 믿음으로 참으신 예수님을 깊이 묵상했다. 그렇게 예수님을 많이 묵상했다(히 12:2). 예수님도 공생애 사역 중에 미쳤다는 소리도 듣고, 또 이단이라는 소리를 들었다. 오히려 이것 때문에 감사했다. 주님 가신 길 나도 걷고 있다고 생각되니 영광스럽고 감사했다. 교회와 주님을 위한 고난의 흔적이라 여겼다. 그렇게 생각하니 마음이 편했다(빌 4:7-8). 심령의 폭풍도 잠잠해졌다. 평안과 감사로 바뀌었다. 주님의 교회를 섬기다가 얻은 영광의 상처로 여겼다(갈 6:17). 나와 교회를 어렵게 하고 고통스럽게한 모든 이들이 잘 되고, 축복 받기를 기도했다(마 5:44). 새롭게 세워진 교회도 잘 되기만을 바랐다.

성경은 말씀한다. 박해하는 자를 축복하고 저주하지 말라고. 아무에게도 악을 악으로 갚지 말고 모든 사람 앞에서 선한 일을 도모하라고. 할 수 있거든 모든 사람과 더불어 화목하라고. 자신이 친히 원수 갚지 말고 하나님의 진노하심에 맡기라고. 악에게 지지 말고 선으로 악을 이기라는 성경 말씀들을 묵상하며 하나님께 모든 것을 맡겼다. 억울함과 원통함을 모두 십자가 앞에 내려놓고 말씀대로 순종했다. 하나님께 모든 것을 맡겼다(롬 12:19). 더 이상 상대방을 미워하지 않기로 했다. 미워하면 나만 괴롭고 손해다. 미움은 심령에 감옥을 만든다. 용서가 최고의 치료제요 묘약이다. 예수 그리스도의 이름으로 이미 용서했다(마 18:35). 그리고 상대를 축복하며 잘되기만을 기도했다.

동도교회에 부임하여 맞이했던 다섯 번째 여름휴가는 그 어느 해보다 편했다. 특히 가장 힘겨웠던 2014년과 비교해 보면, 2015년 한 해는 파라다이스였다. 2010년에는 미국에서 한국으로 이주한다고 정신이 없었다. 2011년에는 온 가족이 서울생활과 동도교회에 적응하기에 힘겨웠다. 2012년에는 몇 분의 당회 리더십과의 갈등으로 힘들었다. 2012년 말과 2013년에는 노회조사위에서 정신병자로 몰려 조사받고, 몇 차례 불법 당회장직 정직으로 힘들었다. 정신신경검사도 받았다. 또 건강이 좋지 않아 병원에 다니느라 힘들었다. 2014년은 가장 힘들었다. 노회와 총회에서 이단으로 몰려 재판을 받았다. 네 차례 노회재판으로 면직을 받았다. 억울하여 즉시 총회에 상소했다. 그랬더니 상소한 날부터 총회 재판국의 결정이 날 때까지 주일강단에 설 수 없다고 했다. 어쩔 수 없이 6월부터 8월까지 3개월간 주일 강단에 서지 못했다. 대신 장로석에 앉아서 3개월간 주일 예배만 드려야 했다. 7월에는 총회재판국에서 재판을 받았고, 8월에는 총회재판국에서 목사 면직 예심 판결을 받았다.

결국 편집된 칼럼의 한 문장 때문에 자칭 성령이라 주장한 이단 목사로 낙인 찍혀 목사 면직 처분을 받았다(관련내용 참고: 뉴스앤조이 기사 '자칭 성령? 동도교회 담임목사, 황당한 이단 시비', 2014-04-05). 가슴 아픈 것은 총회재판국도 면직 예심 판결을 내렸다는 점이다. 기소된 사안과 전혀 상관없는 일곱 가지 기초 사실을 죄목으로 면직 판결을 내렸던 것이다. 억울했지만 어쩔 수 없었다. 당회는 이 사실을 미리 감지했다. 이에 면직 판결이 내려지기 전에 공동의회와 모든 절차를 거쳐 교단을 탈퇴하고 독립연합회에 가입을 선언했다.

교단 탈퇴를 위한 공동의회가 있던 날도 한바탕 거센 폭풍이 몰아쳤다. 그러나 그 세찬 폭풍도 불의와 불법에 항거하는 교인의 결연한 의지를 꺾을 수 없었다. 이렇게 동도교회 성도들은 거세게 불어오는 교권이라는 권위와 불의 앞에 저항(프로테스탄트)했다. 노회 내 정치꾼들의 협박에 맞섰다. 이렇게 큰 폭풍이 조금도 쉴 새 없이 2014년을 관통하고 지나갔다. 정말 정신 차릴 겨를도 없이 세차게 지나갔다. 그래서인지 그 이듬 해 맞이한 여름휴가는 그 어느 해보다 편했다. '이 또한 지나가리라'는 문구를 마음에 새기며 참았더니 그런 어려움도 지나가 버렸던 것이다.

그렇다. 고난도 지나가고, 폭풍도 지나간다. 모든 것이 다 지나간다. 잘 버티면서 자리를 지키고 서 있으면 된다. 이것이 믿음이다. 믿음의 사람은 흔들리지 않는다. 세찬 바람 앞에서도 묵묵히 자리를 지키는 버팔로 황소들처럼 그렇게 자리를 묵묵히 지키고 버티면 된다.

"나의 힘이 되신 여호와여 내가 주를 사랑하나이다 여호와는 나의 반석이시요 나의 요새시요 나를 건지시는 이시요 나의 하나님이시요 내가 그 안에 피할 나의 바위시요 나의 방패시요 나의 구원의 뿔이시요 나의 산성이시로다 내가 찬송 받으실 여호와께 아뢰리니 내가 내 원수들에게서 구원을 얻으리로다"(시 18:1–3).

05
정신병자

2012년 말 즈음이다. 노회관계자들에게 정신병자로 몰려 조사위에서 조사를 받았다. 나를 면직시켜 달라는 탄원서와 고소장에 많은 항목이 적시되었지만, 그중에 핵심은 내가 정신병자라는 것이다. 먼저 해당 시찰회 조사위원들에게 조사를 받았다. 다음에는 노회조사위에서 조사를 받았다. 조사를 받으러 가는 날, 이른 아침 장로님들이 동행해 주었다. 고맙고 감사했다. 처음 받아 보는 노회 조사이다. 그 조사는 참 모욕적이고 일방적이었다. 혼란스럽고 황당했다. 마치 큰 죄를 지은 범죄자처럼 조사를 받았다. 날조된 강남의 어느 신경정신과 병원 진단서와 소설 같은 탄원서와 고소장을 조사위는 그대로 인정하여 나를 완전 정신병자로 몰아갔다. 조사위는 탄원서와 고소장을 제출한 이들의 말을 120퍼센트 신뢰했다. 그런데 진작 당사자인 나와 다른 당회원들의 증언은 전혀 믿으려 하지 않았다. 참으로 이상했다.

조사위 서기가 고소인이 탄원서와 고소장과 함께 제출된 어느 강남 역삼동 소재 신경정신과 병원 의사의 진단서를 읽어주는데 참 어이가 없고 기가 막혔다. 그 강남에 있는 의사에게 가서 정신신경 검사를 진단 받은 적도 없다. 그런데 나에 대한 소견서를 읽어주는 것이었다. 깜짝 놀랐다. 어떻게 이런 일이 일어날 수 있단 말인가? 이 모든 것이 편집되고 날조된 것들이라고 답했다. 그러나 이런 말을 믿으려 하지 않았다. 탄원서와 고소장에 첨부한 가짜 진단서를 더 신뢰했다. 정말 이해할 수 없었다. 그리고 조사 중에 어느 유력한 분은 이런 탄원서와 고소장이 들어왔으니 당장 사임하라고 압박하기도 했다. 말도 안 되는 말들을 여과 없이 쏟아냈다. 적잖은 충격과 인격적 손상을 입었다. 이해할 수 없는 일방적인 조사였다. 객관성이나 논리성도 없는 그야말로 황당하고도 일방적인 조사였다. 왜 이런 조사를 받아야 하는지 도무지 이해할 수 없었다. 힘없는 약자를 향한 강자의 횡포로 밖에 이해되지 않았다.

그 날 첫 번째 조사를 받고 돌아왔다. 마음이 괴로워 견딜 수 없었다. 억장이 무너졌다. 울분을 삼키려 해도 쉽지 않았다. 힘이 없으니 당하는 수밖에 없었다. 며칠 후 늦은 밤에 전화가 왔다. 조사위 서기였다. 내일 또 조사를 받으러 오라는 것이었다. 이 늦은 시간에 잠자는 사람에게 전화하는 것도 너무 불쾌했다. 2차 조사는 장충동 소재 엠버서더 호텔에서 받았다.

1차 조사는 조사위원장의 교회에서 받았고, 2차 조사는 호텔에서 받은 것이다. 호텔에서 조사 받는 것 자체가 이해되지 않았다. 교회에서 받으면 될 텐데 말이다. 무슨 노회조사를 호텔에서 받나 싶었다. 참 이상했다. 덕분에 호텔 구경은 했지만 씁쓸했다. 2차 조사에서도 한두 분을 빼 놓고 다들 큰 병원에 가서 정신검사를 받으라고 압박했다. 서울 5대 주요 병원 이름을 대면서 이 중에 한 곳에 가서 정신검사를 받으라고 했다. 객관성을 잃은 날조된 탄원서와 불법 고소장 그리고 가짜 진단서 때문에 정신 감정을 받을 수 없다고 주장했다. 무엇보다 이 문제는 혼자서 결정할 일이 아니라고 했다. 당회와 협의해 보겠다고 했다. 또 이런 식으로 날조된 병원 진단서와 불법 탄원서와 고소장 같은 것 때문에 모든 목회자가 정신 감정을 받게 된다면, 앞으로 어느 목회자가 소신 있게 목회를 할 수 있겠느냐고 반문했다. 그렇게 모든 목회자들에게 나쁜 선례를 남길 수 있기 때문에 정신검사는 받기 힘들다는 입장을 고수했다.

이 날 조사 중에 또 심한 인격적 모독을 당했다. 상식적으로도 이해가 가지 않는 내용의 말씀들을 하는 위원도 있었다. 논리와 설득도 없고, 객관성도 결여된 일방적이고 강압적인 조사였다. 지극히 주관적인 자료를 가지고 불법적으로 고소한 이들을 노회조사위가 바로 잡지 못하고, 오히려 이들과 동조하면서 멀쩡한 목사를 정신병자로 몰아갔다. 참 이해 할 수 없었다. 노회의 정치 생리가 이렇게 무서운지 처음 알았다. 불순한 의도가 숨겨져 있는 것을 감지했다. 그럼에도 불구하고 현실을 수용하면서 문제를 해결해 보려고 발버둥 쳤다. 유력하신 어느 분은 조사 중에 계속 당장 교회를 사임하라고 압박했다. 참 황당하고 어이가 없었다. 조사위는 말 그대로 노회에서 수임 받은 사안에 대해서 사실 관계를 객관적으로 조사하면 된다. 그리고 그것을 노회에 보고하면 되는 것이다. 이것이 조사위의 임무다. 이에 조사도 하지 않은 상황에서 사임 압박 운운하는 것은 도무지 이해 할 수 없었다. 정말 죄가 드러나면 치리회를 거쳐 재판국을 설치하고 재판하면 되는 것이다. 그렇게 합법적인 절차를 밟으면 된다. 법과 절차도 없이 조사위는 어떤 한 사람의 힘에 끌려가는 것 같은 인상을 강하게 받았다.

그래도 나름대로 최대한 겸손하고 공손히 조사에 임했다. 당시 상황 속에서 할 수 있는 최선이었다. 조사를 마치고 나갈 때도 90도로 머리를 숙이고 공손히 인사했다. 정신검사는 당회와 협의한 후에 동년 12월 말까지 알려드리겠다고 했다. 이 날 조사에서 많은 말들이 오갔다. 지금도 뇌리 속에서 떠나지 않는 말이 있다. 2차 조사 때 내 왼쪽에 앉은 어느 위원의 말이다.

"옥 목사님, 조사위원들의 말을 잘 들으세요. 병원 가서 정신검사 받으라면 받으세요."
"당회 장로님들과 상의한 후 말씀 드리겠습니다."
"당회 장로님들과 상의할 이유가 뭐가 있어요. 그냥 여기서 받는다고 하세요."
"왜요? 이유가 뭡니까?"
"안 그러면, 어느 목사처럼 면직 당할 수도 있습니다. 말 안 들으면 목회 못할 수도 있습니다…"
"아, 그렇습니까!"

참 기가 막히고 어이가 없었다. 당시에 부도덕한 일로 세간의 화제가 된 말만 하면 아는 어느 목사님과 비교하면서 앞으로 목회를 못할 것이라고, 면직 당할 수도 있다고 하면서 말도 안 되는 위협과 압박을 가했다. 심한 인격적 모욕을 받았다. 기분이 몹시 상했다. 그래도 참았다. 그렇게 2차 조사를 마치고 호텔 주차장으로 나왔다.

마음이 너무 불편하고 괴로웠다. 차 시동을 걸려고 하는데, 핸드폰으로 문자가 하나 떴다. 아내가 보낸 문자였다. 조사 받는 동안 기도 중에 떠오른 말씀을 보냈다.

"나의 하나님이 이미 그의 천사를 보내어 사자들의 입을 봉하셨으므로 사자들이 나를 상해하지 못하였사오니 이는 나의 무죄함이 그 앞에 명백함이오며 또 왕이여 나는 왕에게도 해를 끼치지 아니하였나이다 하니라"(단 6:22).

하나님이 남편을 지키고 있으니 그 누구도 남편을 해치지 못한다는 문자였다. 아내의 문자를 읽고 눈물이 왈칵 쏟아졌다. 혼돈과 폭풍의 시간을 통과하면서 아내의 격려와 위로가 언제나 내게 큰 힘이 되었다. 절망할 때도, 실패할 때도 위대한 하나님의 사람이라고 남편을 격려해주었다. 끝까지 믿어주었다. 그렇게 늘 말씀으로 위로와 도전을 주었다. 이런 아내가 곁에 있어 감사했다. 미국 1.5세인 아내는 아홉 살 때 미국으로 이민을 갔다. 그런 아내가 남편만 믿고 한국으로 다시 온 것이다. 이런 아내가 늘 고마웠다. 착하고 지혜로운 아내는 하나님의 선물이다(잠 19:14). 큰 선물 주신 하나님께 감사했다.

그렇게 하나님은 말씀을 통해서 위로해 주셨다. 말씀이 고난 중에 즐거움이요 기쁨이었다(렘 16:15). 혼돈과 폭풍의 시간을 말씀과 기도에 집중하며 보냈다. 말씀이 살리고 건졌다(시 119:143). 때가 되면 무죄함이 밝혀질 것이라 굳게 믿었다.

교회가 분쟁이 없이 언제나 화목하고 평안하면 제일 좋다. 하지만 교회도 약하고 불완전하다. 나이가 들면 병이 나는 것처럼, 유기

체인 교회도 마찬가지다. 세상 속에 교회가 존재하기에 좋든 싫든 교회도 세속화될 수 있다. 이 세속화의 물결로 분쟁에 휘말릴 수도 있다. 그러나 이 분쟁은 교회를 새롭게 하는 치유의 한 과정이라고 믿음으로 보면 된다. 모든 것을 믿음의 시각으로 보면 결국 복이 된다(히 11:1, 6). 합력하여 선이 된다(롬 8:28). 불완전한 사람들이 모여 완전을 향해 나가는 하늘 구원의 공동체가 교회이기 때문이다. 이렇게 구원의 공동체인 교회도 많은 문제를 가지고 있다. 단지 은혜로 가려져 있을 뿐이다(롬 3:25).

많은 문제와 분쟁이 있었던 고린도교회와 같은 교회의 역사도 성경은 기록하고 있다. 계시록의 일곱 교회를 통해서 교회가 세속화되고 병들 수 있다고 성경은 경고하고 있다. 분쟁이 일어나면 지혜를 모아 조속히 종결하면 된다. 곪아 터진 곳을 치료하면 더 좋다. 어느 정도 치료가 되고 회복이 되었다면 좀 손해를 보더라도 분쟁은 빨리 종식하면 할수록 좋다. 교회의 미래를 위해 그렇다. 그러나 이보다 더 중요한 것은 하나님의 공의다. 지체 되더라도 무너진 공의를 바로 세워야 한다.

하나님은 백성들의 죄악을 찢고 또 그 상처를 싸매신다(호 6:1-3). 하나님은 불의를 미워하신다. 하나님의 거룩과 공의를 사랑한다. 공의와 거룩에 대한 문제라면 시간이 걸려도 확실하게 매듭지어야 한다. 남유다 요아스 왕의 성전보수개혁은 무려 23년이 걸렸다(왕하 12:6). 제사장 그룹이 걸림돌이 되었던 것이다. 이에 대제사장 여호야다의 주도 하에 성전보수공사가 실행되었다. 시간이 걸려도 믿음으로 참고 인내해야 한다. 그래야 새로워진다. 공의와 거룩을 위한 개혁의 길은 그렇게 좁고 힘든 것이다(마 5:10-12).

06

이런 일은 처음

    면직을 당하고 합동총회와 결별했다. 이제 신앙의 고향인 합동총회로 복귀할 수 없다고 생각했다. 루비콘 강을 건너버렸다. 합동총회의 호적을 파서 다른 곳으로 옮긴 것이다. 그렇게 합동총회와는 마지막이라고 생각했다. 그런데 기적이 일어났다. 생각지도 않게 제99회 총회 현장에서 복귀와 복직의 길이 열렸다. 탈퇴 한 달 반 만에 일어난 반전이요 기적이었다. 총회는 동도교회가 다시 본 교단으로 돌아올 복귀의 길을 열어주었다. 나 역시 복권의 길이 열렸다. 노회와 총회재판국의 면직 예심 판결에 대해서, 노회는 다시 처음부터 재판하라는 환부 결정이 내려졌다. 교단 목사로, 동도교회 위임목사로, 동도교회 당회장과 대표자로서의 직책이 바로 회복되는 결정이었다. 믿을 수 없는 일이 일어났던 것이다. 이제 남은 것은 행정적인 절차뿐이었다. 그렇게 꿈만 같은 소식이 전해졌다(시 126:1). 사람들은 모두 기적이라고 했다.

    말씀과 기도에 전무하면서 선택의 순간에 좁은 길, 의의 길을 택했다. 그렇게 좁지만 바른 길을 택했더니 여호와께서 구원의 길을 열어주셨다. 피할 길을 주셨다(고전 10:13). 성령께서 비추시는 구원과 치료의 광선이었다(말 4:2). 이 소식을 접한 전 교우들은 기뻐했다. 온 교우가 하나님의 살아 역사하심을 깊이 체험했다. 의인의 간구를 들으시는 기도의 능력도 다시 체험했다(약 5:16). 의를 위해 죽는 자는 살 수 있다는 부활의 신앙도 체험했다. 그의 나라와 그의 의를 먼저 구하면 모든 것을 채워 주신다는 말씀의 신실함도 체험했다(마 6:33). 교우들이 참 자랑스러웠다. 의를 위하여 박해 받는 것을 두려워하지 않았다(마 5:10). 십자가의 예수님을 바라보며 갖은 시련과 환란 속에서도 교회를 수호하고 지켰다. 교회 사랑하는 마음으로 고난의 길을 갔다. 그랬더니 하나님께서 기적을 베푸시고 깊은 수렁에서 건져주셨다. 하나님 나라와 그의 의를 목회와 신앙의 우선순위에 두었더니 하나님께서 도와주셨다(마 6:33).

　의로운 성도, 의로운 목회자, 의로운 교회가 되어야 한다. 여호와 하나님은 의인의 편이시기 때문이다(시 1:1-3). 악인들의 꾀를 따르지 말고, 죄인들의 길에 서지도 말고, 오만한 자들의 자리에 앉지도 말아야 한다. 이것이 복 있는 사람의 길이다. 십자가를 바라보며 의로운 고난의 길을 영광스럽게 걷겠다고 〈십자가의 길 순교자의 길〉 찬양을 많이 불렀다.

'하나님의 사랑이 영원히 함께 하리
십자가의 길을 걷는 자에게
순교자의 삶을 사는 이에게
조롱하는 소리와 세상 유혹 속에도
주의 순결한 신부가 되리라
내 생명 주님께 드리리'

₩2012년 7월에 《난 그렇게 죽었다》를 출간했다. 당시 힘겨웠던 시간에 뭔가를 써야 했다. 그래야 살 것 같았다. "고통은 창작의 통로"라 누가 말했다. 고통을 글로 승화했다. 고통을 창의적으로 풀었다. 그렇게 마음에 떠오르는 분노와 잡념을 없애기 위해 시간이 날 때마다 글을 썼다. 그랬더니 한 권의 책이 만들어졌다. 치유와 회복도 일어났다. 글쓰기는 확실히 심령에 치유와 회복을 준다.

 이 때는 동도교회로 부임하기 전의 믿음의 여정과 초창기 동도교회에 부임하여 겪은 이야기를 중심으로 썼다. 무엇보다 정신병자로 모함 받는 것은 견디기 힘들었다. 인격에 큰 손상이었다. 목사에게는 치명타였다. 인격 살인이었다. 가족들에게는 잊지 못할 아픔과 상처였다. 세 자녀에게 엄청난 충격과 상처였다. 자녀들이 교회 가는 것을 꺼려했다. 큰 상처였다. 가슴이 메어지도록 아팠다. 자녀들에게 교회에 대한 상처를 주고 싶지 않았다. 그런데 일이 이렇게 되어 버렸다. 때가 되면 성령께서 치유해 줄 것이라 믿었다.
 지상에서 교회보다 영광스럽고 좋은 곳은 없다. 훗날 이 아픔이 세 자녀의 신앙 여정에 큰 교훈과 밑거름이 되리라 믿었다. 이 일로 믿음이 더욱 견고해질 것이라 믿었다. 후일에 반드시 이해할 날이 올 것이라 믿었다.
 사실 그렇다. 자녀들의 말처럼 어떻게 정신병자로 몰 생각을 했을까? 교회를 섬기기 위해 몸부림치는 목사를 어떻게 정신병자로 몰 생각을 했을까? 개인적인 요구를 들어주지 않는다고 분개하면서 말이다. 정말 이해할 수 없었다. 욕심이 인생을 망치고 욕심에 끌려 미혹을 받아 죄에 빠진다(약 1:14-15). 아쉬울 뿐이었다. 이해도 설득도 소용이 없었다. 욕심이라는 미혹에 빠지면 참 건지는 것이 힘들다. 스스로 깨닫는 것이 가장 지름길인가 싶다.

담임목사는 모든 성도를 위한 목회자다. 한 개인과 한 가정의 목회자가 아니다. 한 가문이나 특권층의 목회자도 아니다. 목회자는 이렇듯 편애와 사심으로 목회하지 않는다. 교회 공동체의 유익과 덕을 위해 목회한다. 공동체의 유익과 선을 위해 목회한다. 공평하게 사랑하고 편애하지 않는다. 특별히 특정 개인과 특정 그룹을 위해서 목회하지 않는다. 그런데 몇 분이 자신들과만 목회하자고 강요하는 것이다. 그 발상에 경악을 금치 못했다. 그것도 교인들의 존경을 받는 직분을 가진 분들이 말이다(딛 1:16). 이 분들을 이해시키고 설득했으나 잘 되지 않았다. 처음 출간한 책 때문에 경찰서에서 조사까지 받았다. 지금 생각해 보면 정말 웃지 못 할 코미디였다. 이런 우여곡절 끝에 나온 작품이 《난 그렇게 죽었다》는 책이다.

은혜가 사라진 인간은 사악해질 수밖에 없다(벧후 2:20-22). 놀랄 일도 아니다. 내재된 죄의 본성 때문이다(롬 3:9-18). 죄는 단지 간과되고 가려질 뿐이다(롬 3:25). 교회 역사 속에 이러한 일은 무수히 많았다. 사악한 일도 비일비재였다. 신앙의 이름으로 수많은 사람들이 고통 받고 죽어갔다. 이에 비하면 나와 동도교회가 당한 일은 정말 별 일 아닐 수 있다. 그래도 당시에는 참 견디기 힘들었다.

대학병원에 정신검사를 받기 위해서 먼저 동네 정신신경과를 찾았다. 의사가 물었다. 왜 정신검사를 받으러 왔냐고 하면서 의아해했다. 직업이 목사라고 했다. 그랬더니 더 이상하게 여겼다. 사람의 영혼을 다루는 목사는 정신이 건강해야 하기 때문에 한 번씩 정신검사를 받아야 한다고 했다. 그렇게 말을 했더니 의사가 이런 일은 처음이라며 고개를 갸우뚱했다. 이후 신촌의 어느 큰 병원에 갔다. 담당 의사가 내 이야기를 쭉 들어보더니, 정신신경검사를 거부했다. 왜 그랬는지 정확한 이유는 알 수 없다. 그러나 어느 정도 감은 잡을 수 있었다.

07
정신 검증

할 수 없이 어렵게 예약을 하고 서울대학병원으로 갔다. 정신과 진료를 위해 진료실 앞에서 대기하고 있었다. 나만 정장을 입고 있었다. 혼자 속으로 웃었다. 정신신경과에 진료를 받으러 온 환자들은 모두 편안한 복장으로 왔다. 유독 나와 함께 오신 장로님만 정장을 입고 있었다. 정신과 진료를 받는 사람들이 정장 입은 우리의 모습을 보고 우리를 더 이상한 사람들로 여길 것 같다는 생각에 절로 웃음이 났다.

담당 의사에게 사연을 이야기했다. 그랬더니 의아해하면서도 두말 없이 정신신경검사를 받으라고 했다. 이것으로 모든 결과가 나온다고 했다. 이 정신신경검사를 통해서 인격장애, 정신분열증, 과대망상, 우울증 등 모든 정신질환이 다 드러난다고 했다. 이에 진료 다음 날인, 2013년 1월 10일 6시간에 걸쳐 정신신경검사를 받았다.

이 정신심리검사는 로샤(Rorschach) 검사, MMP1-11 검사, SCT 검사, HTP 검사, K-WAIS 검사, Corsi block test, Stroop 검사,

TMT 검사, Rey-Kims 검사, Visual CPT 검사, Wisconsin card sorting test 등 14가지의 검사를 했다. 생소한 검사였다. 난생 처음 받는 검사였다. 이중 어떤 검사는 검사문항만 600개가 넘었다. 600개 문항만 풀다가 정신이 어떻게 되는 줄 알았다.

이렇게 6시간 동안 정신정밀검사를 받았다. 수치스러웠다. 치료비도 많이 들었다. 그렇게 혜화동 서울대학병원 정신건강의학과에서 정신신경검사를 받았다. 정신신경검사를 받고 임상심리 전문가 두 사람의 분석을 거쳐 2주 후인 2013년 1월 23일에 검진 결과를 받았다. '지극히 정상'이라는 진단을 받았다. 당연한 귀결이었다. 하지만 결과를 기다리는 두 주 동안 걱정이 되기도 했다. 처음 받아보는 정신검사였기 때문이었다.

그런데 노회임원회는 이 진단 결과를 수용할 수 없다고 했다. 참 당황스러웠다. 정신검사를 받고 나서 인격장애, 정신분열증이 없으면 동도교회의 모든 현안을 해결해 준다고 협의해 놓은 상태였다. 이에 대해서는 조정위원장도 동의했었다. 그런데 또 말을 바꾸는 것이 아닌가. 계속된 거짓말과 오리발 내미는 데 정말 짜증이 났다. 협상하러 가신 장로님들도 참 힘들었다. 말을 바꾸는 것보다 힘들고 짜증나는 일도 없다. 무슨 말에, 누구 말에 장단을 맞추어야 할지 너무 힘들었다. 약자의 서러움이요 힘 있는 자의 횡포였다.

사실 정신신경검사를 받고 목회하는 목사가 대한민국에 몇 명이나 되겠는가! 얼마나 주님이 사랑하시기에 이런 검사까지 받게 하실까 생각하니 감사하기도 했다. 인격장애자라고, 정신분열증 환자라고, 과대망상증 환자라고, 우울증으로 미국에서부터 약을 복용하고 있는 정신질환자라고 모함했던 이들과 노회조사위원들 몇 분 덕분에 정신신경검사까지 받았던 것이다. 한국 최고의 병원에서 검사를 받고, 정상 진단을 받았다. 그러니 교인들은 목회자인 나를 더욱 신뢰할 것이다. 정신이 온전한 목사로 검증되었기 때문이다. 한편 정신 이상자로 몰아 고소하여 면직하려고 했던 분들에게 감사했다 (살전 5:18). 그렇다고 이 분들이 잘했다는 말은 결코 아니다. 하나님께서 개입하셔서 만들어 내신 전화위복의 역사였다(롬 8:28).

서울대학병원에 동행해 주시고 곁에서 늘 힘이 되어 주신 어느 장로님께서 하시는 말씀이 집회 다닐 때마다 정신신경검사로 검증받고 목회하는 최초의 목사라고 자신을 소개하라고 하셨다. 이 이야기를 듣고 모두가 한바탕 크게 웃었다. 삶이 힘들어도 언제나 웃음과 유머는 잊지 말아야 한다. 인생이란 것이 금방 무너지지 않기 때문이다. 힘든 시간에도 믿음과 여유를 가지고 많이 웃으면 반드시 좋은 날이 온다. 모든 것이 결국엔 다 지나간다. 그러기에 예수의 제자 된 그리스도인은 고난과 눈물 중에도 믿음과 찬양과 감사로 하루를 새로 시작할 수 있는 것이다(애 3:21-22). 웃을 수 있다. 미소를 유지할 수 있다. 예레미야 선지자처럼 여호와의 자비와 긍휼을 아침마다 사모했다. 반드시 좋은 날이 올 줄 믿고 찬양하고 감사하며 구했다. 웃으며 지내려고 노력했다.

이 정신신경검사로 인하여 수개월 후에 정신과적 문제는 노회에서 깨끗하게 정리되었다. 이 날 나는 임시노회 석상에서 큰 절을 세 번 했다. 노회장과 임원들에게, 노회원들에게, 그리고 조정위원장에게 큰 절을 했다. 그런데 이 과정에서 너무 가슴 아팠던 것은 노회임원회가 자신들이 지정한 병원과 의사에게 노회장과 동행하여 다시 가서 정신검사를 받으라는 참 상식 밖의 일을 주장한 일이었다. 그리고 또 무단으로 교인들의 주소를 입수하여 노회장과 서기 이름으로 전 교인에게 나에 대한 정신심리검사에 대한 검진 내용이 상세히 기록된 의무기록 사본을 복사하여 우편으로 발송한 것이었다. 이것은 개인정보 보호법의 심각한 위반이며 의료법 위반인 동시에 명예를 손상시킨 있을 수 없는 사악한 행위였다. 사람으로는 할 수 없는 일을 저질렀던 것이다. 그러나 이 모든 것도 십자가를 참으신 주님을 바라보며 참았다. 그리고 하나님의 모든 심판과 공의에 맡겼다(롬 12:19).

이 정신과적 문제가 정리 될 때쯤에 또 다른 문제가 불거졌다. 노회임원회는 '동도교회 10인 피택 장로 고시 건'으로 또 발목을 잡았던 것이다. 2013년은 동도교회 창립 60주년이었다. 이에 동년 3월에 장로 10인을 선출했다. 그런데 그 해 가을 정기회에서 조정위원장이 장로고시를 허락할 수 없다고 했다. 세 과시를 하며 다시 동도교회에 제동을 걸었다. 이것 때문에 동도교회 피택 장로님들이 노회 장로고시도 볼 수 없었다. 조정위원장의 허락 없이 실시한 동도교회 장로 선거는 불법이기 때문이라는 것이다. 참 황당했다. 봄 노회에서 모든 절차를 밟아 이미 허락한 일인데 이제 와서 허락할 수 없다니 이해할 수 없었다. 그리고 그분은 더 이상 조정위원장이 아니었다. 그런데 노회가 한 사람의 힘에 의해 좌지우지되고 있는 이 모습이 그렇게 좋아 보이지 않았다. 이 한 분의 세 과시 때문에 노회의 결의도 무시되고, 또한 동도교회 10인 피택 장로가 장로고시를 볼 수 없었다. 그렇게 노회가 끝났다.

이 일 때문에 그 해 11월 매주일 월요일마다 조정위원장을 만나러 갔다. 네 번이나 찾아가 독대하면서 협조를 구했다. 간곡히 장로 고시 건을 허락해 달라고 요청했다. 이전 혜화동 여전도회관에서 열린 임시노회 때는 모든 노회원들이 보는 앞에서 바닥에 엎드려 그분에게 큰 절을 한 적도 있다. 당시는 나 하나 희생하여 교회만 잘되고, 평안할 수 있다면 무엇이든 해야겠다는 심정이었다. 그런데 아무 소용이 없었다. 이제 더 이상 내가 할 수 있는 일은 아무것도 없었다. 기도하면서 하나님께 맡기는 수밖에 없었다. 당회 장로님들도 더 이상 찾아 가지 말라고 조언했다. 이제부터 당회원들이 알아서 처리하겠다고 했다. 그렇게 시간이 흘러갔다. 그래도 어쨌든 이 문제도 평화적으로 해결하려고 부단히 노력했다. 할 수 있는 한 최선을 다했다.

08
자칭 성령 목사

그러던 어느 날, 주보 칼럼 사건이 터졌다. 2013년 12월 초로 기억된다. 교인들에게 성령을 의지하며 전 교인이 연말연시 특별새벽기도회에 열심히 참여하자는 내용의 글을 주보 칼럼에 실었다. 그런데 이 칼럼 속에 있는 한 문장을 잘라서 왜곡 호도한 것이다. 모 원로장로가 '옥 목사가 자칭 성령'이라는 글을 썼다면서 노회에 고소한 것이다(관련내용 참고: 뉴스앤조이 기사 참조: '자칭 성령? 동도교회 담임목사, 황당한 이단 시비', 2014-04-05). 이 분에게 미리 찾아가 절대 그런 글이 아니라고 사과도 하고 그가 원하는 대로 교인들 앞에서 해명과 사과도 했다. 그렇게 사과를 하면서 고소 철회를 구했지만 소용이 없었다. 예전에 힘들게 한 분들뿐만 아니라 노회 안에 있는 유력한 몇 분과 깊은 인연을 가져서 그랬는지 철회하지 않았다. 결국 초등학교 저학년도 이해가 되는 글을 가지고 담임목사를 이단으로 고소하는 우스꽝스러운 일이 벌어진 것이다.

이 고소 건도 당연히 절차가 무시되었다. 당회와 시찰회도 거치지 않았다. 특별히 당회를 거치지 않은 고소 건은 노회에 정식으로 접수가 될 수 없다. 그런데 놀라운 것은 이 불법 고소장이 노회 서기에게 정식으로 접수가 되었다는 것이다. 이 고소 건으로 당시 노회 내 교권주의자들은 호재를 만났다. 2014년 2월 노회임원회는 수림교회에서 임시노회를 열고 불법으로 재판국을 설치했다. 임시노회 안건도 적시하지 않고 재판권을 다뤘던 것이다. 임원회에서 나에 대한 당회장직 정직 건을 임시회에서 노회원들에게 추인 받는 편법까지 자행했다. 당시 노회의 기득권 세력은 사전에 재판국 설치를 모의하고 임시회를 개최했던 것이다. 이 사실을 나중에야 알았다. 피할 수 없는 덫이었다.

결국 임시노회에서 재판국이 설치되고 7인 재판위원이 선출되었다. 노회임원회는 임시회를 개최하면서 7인 재판국원 명단까지 정하고 나왔다. 공정하게 처리해야 할 노회장은 일방적으로 노회를 인도했다. 이에 많은 의로운 노회원들이 분개했다. 이 편법과 전횡에 항거하여 다수가 임시노회 장소를 떠났다. 불법과 불의 그리고 편법과 전횡을 일삼는 노회 임원회에 대한 저항이었다.

노회임원회는 지교회를 돕고 섬기면서 세워나가야 한다. 이런 섬김의 정신으로 활동을 해야 한다. 그런데 역행했다. 이후 노회 재판국에서 네 차례 재판을 받았다. 7인 재판국원 중 네 명은 목사, 세 명은 장로다. 모두 노회 내 유력자였다. 출석 통지를 받고 대치동 총회빌딩 6층에 소재한 노회 재판국에 출두하여 재판 심리를 받았다. 담임목사를 포함한 온 성도가 모두 자원하여 성령을 의지하여 기도하자는 칼럼이었지, 담임목사요, 당회장인 내가 성령이라는 글은 절대 아니라고 말씀을 드렸다. 칼럼 전체를 읽어보면 초등학생도 다 이해하는 글이라는 말씀도 드렸다. 더욱이 고소 건은 칼럼 글에 대한 곡해였다는 말씀도 드렸다. 그리고 이 고소 건은 절차가 무시되었고, 재판국 설치 자체가 불법이라고 주장했다. 또한 동석해 주신 변호인께서도 논리와 설득으로 차분하게 변론해 주셨다.

칼럼에 대하여 논평을 써 주신 존경 받는 모 총회장님 두 분의 글과 또 저명한 총신의 역사신학자 교수님 한 분의 글도 재판국에 제출했다. 그러나 이 모든 것이 소용없었다. 재판은 원치 않는 방향으로 흘렀다. 면직으로 이 재판은 끝날 것이라는 소문이 파다하게 퍼졌다. 어떻게 해결할 방법도 없었다. 정치력도 힘도 없으니 그저 앉아서 당하는 수밖에 없었다.

09
노회 재판

　1차 노회재판은 2014년 4월 1일 화요일, 총회회관 6층에 있는 노회사무실에서 열렸다. 재판국장은 죄증 설명서와 고소장도 주지 않고 재판을 강행했다. 권징조례에 의하면 고소장은 한 번만 제출할 수 있다. 그런데 고소인은 고소장을 세 번이나 변경하여 제출했다. 그 때마다 고소 내용이 달려졌다. 재판국원들은 고소장에도 없는 내용을 더 많이 물었다. 변호인은 이제야 고소장을 받는다고 재판국장에게 항변했다.

　고소장, 죄증 설명서를 주지 않고 심리, 재판하는 경우가 어디 있는가 싶었다. 꼭 수사 받는 느낌이었다. 변호인은 피고에게도 최소한 기본권과 방어권을 주라고 요청했다. 재판국원들은 지난 번 혜화동 여전도회 회관에서 임시노회가 개최될 때 교인 삼백 명에게 상복을 입히고 동원시켰냐고 물었다. 그런 적이 없다고 답했다. 또 지난 번 조정위원장 만났을 때 5인 장로에게 사탄 마귀라고 했냐고 물었다. 그런 적이 없다고 답했다. 또 5인 장로가 당회 참석하는 것을 방해 했었냐고 물었다. 그런 적이 없다고 답했다. 1차 재판에서 이런 말들이 오간 것 같다.

2차 재판은 4월 11일에 열렸다. 이 날은 1시간 27분 4초간 심리가 진행되었다. 마지막 재판은 4월 28일 오전 10시에 열렸다. 원고와 원고측 증인 4명이 참석했다. 자칭 조정위원장도 참석했다. 재판국 원들은 물었다. "교인들에게 몸싸움하라고 지시했습니까? 조정위원장에게 사탄 마귀라고 한 적이 있습니까? 어느 모임에서 조정위원장에게 예의를 갖추지 못하고, 그분의 얼굴을 위 아래로 보면서 얼굴을 붉히면서 큰 소리를 치는 무례한 태도와 폭언을 한 적이 있습니까? 조정위원장에게 사탄 마귀라고 한 적이 있습니까?" 이런 이야기들이 마지막 재판에서 여러 번 오간 것 같다. 물론 그런 적이 없다.

  이렇게 재판을 받는 중에도 무엇보다 감동이 된 것은 재판이 있을 때마다 권사회에서 자원하여 교회에 모여 중보기도 해 주었고, 장로님들은 동행해주었으며, 노회 목사님들 중에도 격려 차 재판 장소에 찾아와 주셨다는 것이다. 참으로 고맙고 감사했다. 이 분들의 격려와 지지와 응원의 힘으로 재판을 잘 받을 수 있었다고 생각한다.

10
면직

　변호인은 해외 출타로 4차 재판에는 불참했다. 변호인 출타로 재판 날짜의 변경을 요청했으나 받아들여지지 않았다. 네 차례 노회 재판을 받는 동안 무엇보다 많이 억울했다. 4차 재판 때는 아무 말도 하지 않았다. 너무 기가 막혀서 그랬다. 모든 것을 뒤집어씌우는데 어쩔 도리가 없었다. 그래서 가만히 입 다물고 앉아 있었다. 또 변호인이 부재중이라 말실수를 할까 봐 청취만 했다. 마지막 재판이라 그런지 원고측 증인들이 모두 참석했다. 모든 것을 하나님께 맡기고 원고측 증인들의 증언을 시종일관 차분하게 청취만 했다. 선처를 바라며 기도하는 수밖에 별 다른 방법이 없었다.

　지금도 잊히지 않는 말이 있다. 어느 재판국원이 일어서서 고성으로 나무랐다. "동도교회 옥 목사 때문에 노회가 분립되는 일은 절대 없을 것입니다. 만약에 노회가 분리되면 내 손에 장을 지질 것입니다." 이 분은 지난 번 임시회 때 노회원들 앞에서 내 이름을 크게 부르며 호통 치며 수모를 준 분이다. 바른 분인 줄 알았는데 실망이 컸다.

재판은 일방적으로 진행되었다. 7인 재판국원 중에 누구도 나를 이해해 주는 분이 없었다. 힘이 없으니 어쩔 수 없었다. 재판을 마치고 나오는데 나 자신이 너무 한심하고 초라해 보였다. 그러나 칼럼 사건도 하나님의 섭리와 뜻 가운데 일어난 일이라 믿었다. 모든 것이 합력하여 선을 이룰 줄 믿었다(롬 8:28). 4차 재판이 있은 후 며칠 뒤 판결이 났다. 판결은 역시 소문 대로였다. 판결문이 교단지인 기독신문에 실렸다. 괘씸죄에다가 불경죄 그리고 몇 가지 죄목이 더 추가되어 재판국원은 전원 일치 면직 처분을 내렸던 것이다(관련 내용 참고: 리폼드뉴스 기사: '평양노회, 옥광석 목사(동도교회) 면직처분', 2014-05-21).

주문: 피고 목사 옥광석 씨를 목사 면직에 처한다.

이유: 1. 신비주의적 신학사상 및 장로회 정통교리(삼위일체론) 위반. 2. 평양노회를 '영에 속한 노회가 아니다'라는 발언으로 노회 모독 행위. 3. 재판심의에서 여러 차례 위증행위. 4. 노회명령 불복 및 노회 치리회 중 고성과 함께 무단이탈로 노회 권위 실추. 5. 노회 치리에 전환 재판국 설치 이후 일방적인 행정보류.

여러 적용 법조문을 일일이 적시하고 재판국원 7인의 직인을 찍어 판결문을 내렸다. 재판국은 노회에서 결의한 안건만 재판 심리하게 되어 있다. 그러나 지켜지지 않았다. 다른 사안도 첨가해서 면직 판결을 내렸다. 억울했다. 총회에 즉각 상소했다. 상소하는 일도 만만치 않았다. 비용도 많고, 또 상소문 작성하는 것도 어려웠다. 처음 해 보는 일이라 어려웠다. 어렵게 상소 건이 접수가 되고 이후에 총회 재판국에서도 두 번 정도 간단한 재판 심리를 받았다. 그래도 총회 재판국에서는 진실이 드러날 것으로 기대했다. 총회 재판국에서 재판 심리를 받았다. 억울함을 호소하며 재판국원들의 선처를 구했다. 그런데 총회 재판국의 예심 판결이 내려질 때까지 강단에 설 수 없다고 했다. 이후 3개월 동안 강단에 서지 못했다.

3개월 후 총회 재판국도 면직 예심 판결을 내렸다. 소문대로였다. 면직 예심 판결이 내려지기 전, 재판국원들에게 마지막으로 선처를 구하기 위해 총회회관으로 갔다. 그러나 총회 재판국원들은 약속이 되어 있지 않다며 만나주지 않았다. 그렇게 선처를 구했지만 어쩔 수 없었다.

하나님만 바라보기로 했다(대하 20:12). 더 이상 힘이 없으니 심판 장이신 여호와께 모든 것을 맡기는 수밖에 없었다. 이제 몇 달 후에 개최될 총회에서 통과되면 면직이 확정된다. 여호와의 공의만을 좇아 좁은 길을 걸었다. 힘들고 어려웠다. 모든 결과는 하나님께 맡겼다. 앞으로 있을 총회에서 어떤 판결이 내려지더라도 하나님의 뜻으로 받아들이려고 했다. 혹 면직이 확정되더라도 하나님의 뜻으로 받아들이려고 했다. 후회하지 않았다.

●2부●
기적의 연속

그렇게 교회를 위해 중보하며 기도하던 어느 날, 기적 같은 소식이 찾아왔다. 99회 예장합동총회에서 면직 예심 재판 건에 대하여 환부 결정이 내려졌다. 동도교회는 합동총회에 조속히 복귀하라는 총회의 결정이었다. 이 일에 총회 총대로 참석한 사촌 형인, 옥성석 목사(충정교회 담임)님이 참 힘을 많이 썼다. 총회석상의 발언은 5분을 넘길 수 없다. 그런데 무려 나와 동도교회를 위하여 30분이나 발언을 하였다. 배후에는 당시 사회를 보셨던 총회장 백남선 목사님의 교회 사랑과 목회자 사랑이 있기도 했다. 그렇게 전체 총대 대다수의 동의를 이끌어 내어 다시 원점에서 재판을 시작하라는 환부 결정이 총회 석상에서 내려진 것이다.

11
교단 탈퇴

　이렇게 총회 재판국에서도 면직 예심 확정 판결을 받았다. 이제 한 달 반 후에 광주 미문교회에서 개최되는 제99회 총회에서 재판국의 모든 재판 안건이 통과되면 면직이 확정되는 것이다. 그렇게 되면 동도교회뿐만 아니라 다른 곳에서도 더 이상 목회를 할 수 없다. 목사직을 박탈당했기 때문에 일반 신자가 된다. 목회를 하려면 다시 신학교에 입학하고 졸업하고 목사 고시를 치르고 안수를 받아야 했다. 참담했다. 총회 재판국에서 면직 예심 판결이 내려지기 전에 어느 분을 통해서 동도교회에서 옥 목사가 사임하면 면직 판결만은 면해 줄 수도 있을 것이라는 말도 들려왔다. 그리고 옥 목사를 돈 좀 주고 교회에서 내보내라는 말도 들려 왔다.

　그 당시는 사실 너무 지치고 힘들었다. 더 이상 버틸 힘이 없었다. 모든 것을 내려놓고 싶었다. 당회가 이 제안을 받아들인다면 모든 제안을 수용하려고 했다. 이 때가 한계상황이었다. 사임하는 길이 문제 해결의 길이라면 그럴 용의도 있었다. 이 일을 위해 여호와께 묻기도 했다. 그런데 장로님들이 이 제안을 거부했다는 말이 들려 왔다.

가슴이 뭉클했고 고마웠다. 그런데 당회는 면직 예심 판결로 큰 고민에 빠졌다. 총회 재판국에서 예심 판결을 내리기 전에 묘수를 찾아야 했다. 더 이상 옥 목사와 동도교회가 버틸 수 없을 것이라는 소문이 퍼졌다. 상대는 승리를 확신했다. 이런 최악의 상황 속에서 교회를 보호하고, 교회의 재산과 생명을 지키기 위하여 당회는 지혜를 모았다. 이 때가 가장 큰 위기였다.

공동의회에서 전권을 위임 받은 '7인 대책위원회'가 초강수를 두었다. 교단 탈퇴를 선언해 버린 것이다. 생각하지도 못한 엄청난 일을 결행했다. 믿음은 결단이라 했던가! 더 좁은 협곡을 택한 것이다. 당회 장로님들이 정말 대단하고 존경스러웠다. 62년 동안 평생 몸담은 신앙의 고향인 예장합동 총회를 탈퇴하는 것은 보통 어려운 일이 아니다. 영적 호적을 파서 옮기는 것이다. 누구보다 평생 이 교단에 몸담고 산 은퇴 원로장로님과 연로하신 권사님들이 수용하기 너무 힘든 일이었다. 그리고 무엇보다 이 안건이 공동의회를 통과해야 한다는 것이었다. 쉽지 않은 결정이고 과정이었다.

공동의회로부터 교단 탈퇴와 가입에 대한 전권을 부여 받은 7인 대책위원회는 2014년 8월 11일 0시 부로 교단 탈퇴를 선언했다. 신문을 통해 이 사실을 알렸다. 당회는 총회 재판국에서도 면직이 확정될 것을 예견하고 전권을 위임 받은 '7인 대책위원회'로 하여금 총회 탈퇴와 독립연합회 가입을 전격적으로 선언하고 실행에 옮겼다 (관련내용 참고: 뉴스앤조이 기사, '동도교회, 담임목사 면직한 교단 탈퇴', 2014-09-01)

교회의 생존권 보장을 위한 최선의 선택이었다. 동도교회는 노회

임원단의 전횡과 불법적인 재판에 항거하여 합동 총회를 탈퇴하고 독립연합회로 가입했다. 모든 세례 교인들이 이 사실을 잘 숙지했다. 당회는 교회 내 각 기관과 부서를 모아 설명했다. 여러 차례 모여 이 당위성을 설명했다. 8월 24일에 주일 1~4부 예배 시에 공동의회가 개최되었다. 1~3부 공동의회 시에 약간의 소란이 있었다. 하지만 교인의 다수의 전폭적인 지지로 동도교회는 예장합동 총회를 탈퇴하고 국제독립교회 연합회에 가입하는 안이 통과되었다.

이 모든 일들이 일사분란하게 진행되었다. 배후에서 도우시는 하나님의 손길을 느낄 수 있었다. 놀라운 역사였다. 불의에 항거하며 의를 위해 핍박 받는 것을 오히려 기쁨으로 여기는 교인들의 모습이 참으로 존경스럽고 귀해 보였다. 며칠 후 어느 인터넷 기독신문은 교단을 탈퇴한 동도교회 기사를 아래와 같이 보도했다.

"동도교회의 교단 탈퇴 결의는 빠르게 진행됐다. 8월 11일 0시 부로 교단 탈퇴를 선언한 동도교회는 2주 뒤인 8월 24일 공동의회를 소집했다. 안건으로 상정된 교단 탈퇴 문제는 88% 이상의 압도적인 지지를 얻어 통과됐다. 1,950여 명의 참석 등록 교인 중 1,750명 이상이 찬성표를 던졌다. 예장합동을 탈퇴한 동도교회는 박조준 목사가 이끄는 국제독립교회 연합회에 가입했다. 교단 탈퇴 이유에 대해 한 장로는 더는 총대들의 횡포에 휩쓸리지 않기 위함이라고 했다. 그는 '재판 결과는 어느 정도 예상하고 있었다. 특정 인물에 의해 좌지우지되는 교단의 현실에 신물이 난다'고 말했다."(2014. 9. 1. 뉴스앤조이).

문제는 목사 가입이었다. 독립연합회에서는 목사 시험을 치고, 안수를 다시 받아야 한다고 했다. 나는 이 사안을 쉽게 생각했다. 정말 그 때는 합동총회로 돌아갈 생각을 하지 않았다. 국제독립교회 연합회에서 목사시험을 치고, 안수를 받겠다고 했다. 총무위원들도 동의했다. 그런데 막상 목사시험을 다시 준비하려고 하니 만감이 교차했다. 그래도 이젠 어쩔 수 없었다. 그런데 독립교회 연합회에서 사무총장이 반가운 소식을 전해주었다. 임원단에서 목사시험과 안수 없이 바로 목사로 인준해주겠다는 소식이었다. 동도교회의 상황을 잘 알고 까다로운 절차를 모두 면제해 준 것이다. 나와 동도교회가 처한 상황을 잘 이해했기 때문이다.

참으로 고마웠다. 게다가 문제가 잘 해결되면 조속히 합동총회로 돌아갈 수 있도록 최선을 다해 돕겠다고도 했다. '노회가 이렇게 지교회를 섬겨야 되지 않을까'라는 생각을 했다. 국제독립교회 연합회에서 지역교회와 지교회 목사를 말 그대로 섬겼다. 만약에 그때 독립연합회에서 주관했던 목사시험을 치고, 안수를 받았다면 합동총회로 다시는 복귀할 수 없었을 것이다. 나중에 알게 된 사실이다. 이런 것을 생각해보면 다시 교단으로 돌아가 해야 할 일이 있었던 것 같다. 이 모든 일이 하나님의 섭리 속에서 일어났다. 배후에 하나님께서 역사하셨다. 그러기에 고난도 아픔도 하나님의 섭리의 안목에서 보게 되면 믿음도 생기고, 소망도 생긴다.

요셉의 배후에서 역사하신 하나님의 섭리와 형통케 함은 지금도 존재한다. 말씀대로 의롭고 거룩하게 살려고 하는 교회와 성도들을 위하여 지금도 여호와께서 역사하신다. 고난을 통해서 형통과 축복의 길로 인도하신다. 이 놀라운 하나님의 섭리를 믿기 때문에 고난 중에도 참고 믿음으로 살 수 있다. 가나안에서 형통한 삶을 살던 요셉이 형들에게 붙잡혀 미디안 상인에게 종으로 팔려 애굽으로 갈 줄 누가 알았겠는가? 또 감옥에 갇힌 요셉이 2년 후에 애굽의 바로 앞에 서게 되고, 마침내 애굽의 총리가 되리라고 누가 상상을 했겠는가? 무엇보다 요셉을 판 형들이 애굽의 총리가 된 요셉을 만나게 되리라고 상상이나 했겠는가? 이처럼 교회와 성도가 당하는 고난의 배후에는 하나님의 섭리가 있음을 믿는다. 고난의 배후에서 역사하시는 하나님의 섭리와 인도하심을 면직과 교단 탈퇴의 과정을 통해서 깊이 체험했다. 평생 잊지 못할 간증이요 역사였다.

12
예배 피켓 시위

그렇게 2014년 여름은 지났다. 평생 잊지 못할 아픈 기억을 한 아름 안고 그 해 여름은 잔인하게 지나갔다. 총회 탈퇴가 결의 된 공동의회 이후부터 동도교회를 힘들게 했던 특정인들은 더 이상 교회에 출석하지 않았다. 대신 교회 길 건너 조그마한 사무실을 빌려서 예배를 드렸다. 그들은 '합동 교단을 탈퇴한 옥광석 목사와 동도교회는 더 이상 동도교회가 아니다'라고 주장했다. 자신들이 원조 동도교회라고 주장했다. 그리고 2014년 8월 말부터 9월 말까지 매 주일 11시에 교회 주차장 앞에서 모여 예배를 드리며 피켓 시위를 벌였다.

교회 안으로 진입하여 예배를 드리려고 시도도 했다. 그럴 때마다 성도들의 제지로 실패했다. 그렇게 주일마다 피켓을 들고 예배를 드리면서 요란스럽게 시위를 했다. 그들의 개혁하라는 현수막은 어이가 없었다. 이들이 원하는 개혁이란 무엇인가? 자신들의 요구를 듣지 않는다고 수단과 방법을 가리지 않고 목사를 내쫓는 것이 개혁일 것이고, 자신들이 원하는 사람들을 교회 요직에 앉히는 것이 개혁일 것이고, 또한 자신들의 일에 동의하지 않는 장로들을 쫓아내는 것이 이들이 원하는 개혁인가 싶었다.

　2010년 10월에 아무것도 모르고 동도교회에 부임했다. 교회 내에 아는 사람은 한 사람도 없었다. 이후 교회 내 실세라는 분이 주축이 된 특정인들이 내게 끈질기게 요구한 것이 바로 이런 유의 개혁이었다. 얼마나 개혁을 갈구했는지 모른다. 세대교체를 하고, 잘못된 모든 것을 혁파하여 인사, 재정, 행정 모든 면에서 개혁을 하자고 목소리를 높였다. 그런데 가만히 살펴보니까, 그 개혁이란 것이 내가 생각한 개혁도 아니고, 성경에서 말하는 개혁도 아니었다. 이들이 원하는 개혁은 자신들 마음대로 교회를 운영하는 것이었다. 자신들과 자신들이 세운 특정인들을 중심으로 교회를 운영하는 것이었다. 한마디로 말해 교회의 사유화였다. 옥상 옥이었다. 이해할 수 없었다. 동도교회와 같이 명성과 덕망 있는 교회에 이렇게 잘못된 세속화된 생각을 가지고 있는 영적 지도자들이 있을지 상상하지도 못했다. 그래서 주일마다 와서 시위하는 이들의 면면이 참 어이가 없고, 몹시 안쓰러웠는지도 모른다. 그렇게 말렸는데도, 참으라고 했다. 그런데 결국 지도자의 말도 듣지 않고 자신들의 뜻대로 하다가 이런 지경까지 이르게 된 것이다.

　처음 부임하자 실세 장로님이 노회 내 정치권 목사들은 절대 접촉하지 말라고 했다. 노회와 거리를 두라고 했다. 바르고 깨끗하게 목회하라고 했다. 그렇게 권면하던 분이 이제는 노회 교권주의자들과 손을 잡고, 교회를 해하고, 위임목사를 쫓아내는 일에 앞장섰다. 알고 보니 이제껏 주님의 왕국이 아니라 자신의 왕국을 만들려고 한 것이었다. 이 모습에 안타까움을 금할 수 없었다. 좀 더 겸손히 섬겼다면 이런 불상사가 일어나지 않았을 것이다. 바른 신앙 위에 서 있었다면 절대 이런 일은 일어나지 않았을 것이다. 바로 믿고 바로 배워야 한다. 성경도 신앙도 신학도 바로 배워야 한다. 제대로 배워야 한다. 어설프게 배웠다간 큰 낭패를 당한다. 이렇게 교회 정치도 바르게 배우지 못하면 중요한 선택의 순간에 오판하여 낭패를 당할 수 있다.

시위를 주일마다 보는 것이 불편하다면서 교회를 떠나는 이들도 있었다. 안타까웠지만 어쩔 수 없었다. 의로운 대가를 치러야 했다. 어쩔 수 없는 아픔이었다. 떠나는 분들을 축복했다. 좁은 길, 협곡을 지나가는데 이 정도의 손실은 예상되었다. 심방도 하고 권면도 했다. 그러나 떠나고자 굳게 결심한 분들의 마음을 돌릴 수는 없었다. 이렇게 떠나는 교인들을 바라보며 속히 교회 현안이 속히 종결되기를 간구했다. 얼마 후 하나님의 은혜로 그 시끄럽던 피켓 시위도 멈췄다. 별 동조자가 없자 자진 해산해 버렸던 것이다. 이후 특정인들은 어느 상가에 모여 자기들끼리 예배를 드렸다.

13
기적

합동총회 탈퇴 이후 교회는 현안 문제의 조속한 해결을 위해 더욱 기도에 힘썼다. 불법적인 노회 재판 결정이 총회에서 번복되기를 온 교회가 합심하며 구했다(마 18:19). 그러나 이것은 낙타가 바늘 구멍으로 들어가는 것처럼 어려운 일이었다. 권사회가 교회를 위한 중보 기도에 앞장섰다. 철야 기도회가 자발적으로 생겼다. 많은 권사님들이 매일 저녁 본당에 모여 교회를 위하여 밤새워 기도했다. 중보기도단도 매일 매 시간 기도실에서 교회를 위해서 기도했다.

그렇게 교회를 위해 중보하며 기도하던 어느 날, 기적 같은 소식이 찾아왔다. 제99회 예장합동총회에서 면직 예심 재판 건에 대하여 환부 결정이 내려졌다(관련내용 참고: 국민일보 기사: '동도교회, 예장 합동 복귀할 수 있는 길 열려', 2014-09-25). 동도교회는 합동총회에 조속히 복귀하라는 총회의 결정이었다. 이 일에 총회 총대로 참석한 사촌 형인, 옥성석 목사님(충정교회 담임)이 참 힘을 많이 썼다. 총회 석상의 발언은 보통 5분을 넘길 수 없다. 그런데 무려 나와 동도교회를 위하여 30분이나 발언을 하였다. 그 배후에는 당시 사회를 보셨던 총회장 백남선 목사님의 교회 사랑과 목회자 사랑이 있기도 했다. 그렇게 전체 총대 대다수의 동의를 이끌어 내어 다시 원점에서 재판을 시작하라는 환부 결정이 총회 석상에서 내려진 것이다.

이 기쁜 소식은 정말 꿈만 같았다. 이런 일은 예장합동총회 역사상 처음 있는 일이라고 했다. 의로운 대다수의 총대들이 노회의 불의한 재판에 대하여 올바른 결정을 내린 것이다. 의로운 총대들을 통하여 하나님의 공의가 실현된 것이다(욥 8:3). 고맙고 감사했다. 굽어진 공의를 하나님께서 의로운 총대들을 통해서 펴신 것이다. 그렇게 여호와께서 놀랍게 역사하셨다.

온 교우의 간절하고도 애절한 교회를 위한 합심 기도에 하나님께서 응답하신 것이다. 여호와께서 우리의 기도를 들으시고 총대들의 마음을 움직이신 것이다. 의로운 총대들의 마음을 움직여 역사하신 것이다. 온 교우가 하나님께 믿음으로 구하고 찾고 두드렸더니 가장 좋은 것으로 응답하신 것이다(마 7:7-10). 이 날이 제99회 합동총회 셋째 날 저녁이었다. 이 날은 내게 결코 잊을 수 없는 날이다. 2014년 9월 25일이다. 슬픔이 변하여 기쁨이 되었고, 애통이 변하여 길한 날이 된 것이다(에 9:22). 총무위원들과 본당에서 철야기도를 하고 있던 권사님들을 찾아가 이 기쁜 소식을 전해주고, 기쁨을 함께 나누었다. 우리의 소원과 간구에 가장 좋은 것으로 응답하신 여호와 하나님께 감사와 찬양과 영광을 돌렸다.

지금도 그 날의 기쁨과 흥분이 가시지 않는다. 교회가 간절하게 중보 기도하였더니 하나님께서 놀랍게 역사하셨다(약 1:5-6). 예루살렘 교회 성도들의 간절한 중보기도가 사도 베드로를 감옥에서 구한 것처럼, 동도교회 성도들의 목회자와 교회를 향한 간절한 중보 기도가 교회를 구하고, 목회자를 구한 것이다(행 12:5).

　이 기쁜 소식은 홍해가 갈라진 기적이요, 여리고 성이 무너진 기적 같았다. 이제 동도교회가 소속된 노회는 1,500여 명의 총대가 결의한 대로 속히 노회를 개최하여 나와 동도교회의 복귀를 받고, 노회를 열어 면직 재판 건에 대하여 무효 선언하면 모든 사안이 종결되는 것이다. 하지만 총회 결정이 곧 동도교회 모든 사안의 종결을 뜻하지는 않았다. 후속 조치가 따라주어야 했다. 그것은 노회임원회의 몫이었다. 그러나 당시 노회의 정치적 상황은 녹록하지 않았다. 키는 노회장과 임원이 쥐고 있었기 때문이다. 누구보다 노회장의 역할이 중요했다. 그런데 노회장은 처음부터 동도교회와 정반대 편에 서 있는 분이었다. 특정인들과 함께 한 분이었다. 예상했던 것처럼 노회장은 나와 동도교회에 대한 총회의 결의를 따르지 않았다. 노회장은 총회의 결정에 불복하였고 임시노회를 개최하지 않았다. 시간만 끌었다. 이에 총회임원회는 노회에 공문을 보냈다. 총회 결의대로 속히 임시노회를 개최하여 동도교회 당회장 면직 해제 건과 동도교회 복귀 건을 총회 결의대로 마무리 지으라고 지시했다. 그러나 노회장은 계속 총회의 지시를 거부했다. 당회는 노회가 개최될 수 있도록 여러 통로와 채널을 통해서 도움을 청했다. 그러나 쉽지 않았다. 또 기다려야 했다. 그렇게 10월이 지나갔다.

　이 무렵 캐나다에 사는 고종사촌 형에게서 전화가 왔다. 아내가 암 투병 중이라고 하면서 강원도 어느 마을에 요양 중이라고 했다.

안타까운 소식이었다. 고향에서 어릴 적부터 참 친하게 지낸 형이었다. 형수는 나보다 한 살 위였다. 아내와 함께 병문안을 갔다. 초췌한 형수의 모습을 보니 참 마음이 아팠다. 이민 가서 행복하게 산다는 소식을 들었는데 맘이 많이 아팠다. 병세가 많이 진행된 듯싶었다. 2004년 가을에 캐나다를 잠깐 방문했을 때 본 모습과 전혀 달랐다. 요즘은 부부가 조그마한 동네 교회에 나가 기도한다고 했다. 그러면서 예전에 느껴보지 못한 행복감을 맛보고 있다고 했다. 신앙으로 잘 극복하는 모습이 귀해 보였다. 함께 식사를 하고 옛 추억을 나누고 돌아왔다.

하지만 형수는 몇 달 후에 그가 꿈꾸고 그리던 천국으로 이민을 갔다. 장례식을 마치고 돌아오는 길에 누구보다 아내가 생각났다. 몇 해 동안 교회 현안문제로 힘든 시간을 보낸 아내의 건강이 염려되었다. 평생 미국에 지내다가 한국에서 사는 것이 그렇게 쉽지는 않았을 것이다. 스트레스가 만병의 근원이라고 한다. 면역체계를 부수는 주범이 스트레스라고 한다. 건강하게 잘 견뎌준 아내가 고마웠다. 영전 때문에 생각지도 못했던 아내의 건강에 신경이 쓰였다. 건강을 잃으면 다 잃는 것이다. 무엇보다 부부가 다 건강해야 목회를 온전히 잘 감당할 수 있다.

이후 우리 부부는 건강관리에 신경을 썼다. 더 많이 걸었다. 더 많이 이야기했다. 더 많은 시간을 함께 보냈다. 자기관리, 가정목회, 건강관리, 그리고 스트레스관리가 또 다른 목회의 중요 사역이 되었다. 서로 의지하고 위로하고 대화를 많이 했다. 이것이 일상의 비타민이요 에너지였다. 아내에게 많은 위로와 힘을 얻었다. 아내의 격려가 늘 고마웠다. 아내도 잘 견뎌주었다. 맘고생이 얼마나 심했는지 아내의 머리카락은 거의 백발이 되었다. 못 난 남편 따라 역이민 와서 살아주는 아내가 고마울 뿐이다. 아내가 건강하기만을 기도했다. 목회는 부부가 함께 하는 것이기 때문이다.

14
포크레인 소동

2014년 11월 하순 어느 월요일 아침, 장로님 한 분이 다급하게 연락을 주었다. 교회 주차장에 굴착기와 인부 이십 명이 와서 펜스를 치고 있다는 급보였다. 황급히 교회로 달려갔다. 이미 인부 20명이 굴착기로 교회 주차장에 난입하여 펜스를 치려고 시도하고 있었다. 급보를 듣고 황급히 달려온 많은 교우들은 인부들이 더 이상 작업을 하지 못하도록 막았다. 어느 권사님들은 아예 포크레인 버켓 위에 주저앉았다. 참 어처구니없는 사태였다. 알고 보니 자칭 동도교회 임시당회장이라는 분의 소행이었다. 얼마 전에는 담임목사 사택까지 불법으로 팔았다. 그런데 이제는 포크레인까지 동원하여 교회 메인 주차장에 펜스를 설치하려고 한 것이다. 참 너무 어이가 없고 기가 막혔다(관련내용 참고: 기독신문 기사: '요동치는 동도교회 사태', 2014-11-25).

2014년 9월 말에 합동총회에서 동도교회 담임목사 면직 건에 대해 환부 결정이 내려졌다. 이것은 법적 효력을 가지는 매우 중요한 결정이었다. 동도교회 담임목사는 옥광석 목사라는 결정이며, 대표자가 옥광석 목사라는 결정이다. 그런데 나와 동도교회가 합동총회 탈퇴 후부터 자신이 계속 동도교회 임시당회장이라고 주장한 분이 여러 차례 불법을 자행하며 사택까지 팔고 급기야는 이런 이해할 수 없는 일을 저질렀던 것이다. 나와 교인들은 만행을 저지한 후 포크레인을 둥그렇게 둘러싸고 손을 잡고 하나님의 도움을 위하여 간절히 도고의 기도를 드렸다(딤전 2:1-2). 주님의 몸 된 교회를 지켜 달라고, 구해 달라고 간절히 부르짖었다. 그렇게 기도로 교회는 하나가 되었다. 그랬더니 인부들도 어쩔 수 없었던지 오후에 모두 철수해 버렸다.

나와 장로님들은 그 날 오후 당장 총회본부로 찾아갔다. 총무 목사님을 만나 억울함을 호소했다. 불법 사택 매매 건과 포크레인 사태를 설명 드렸다. 조속히 총회 결의대로 노회가 열려 동도교회 현안이 해결되도록 강력한 행정 조치를 촉구했다. 교회를 해하는 세력으로부터 지켜 달라고 촉구했다. 그리고 제99회 총회의 결의대로 옥광석 목사가 동도교회 대표라는 '대표자증명서'와 '소속증명서' 그리고 '재직증명서'를 발급해 줄 것을 요청했다. 총무 목사님은 경청해 주었다. 얼마나 감사했는지 모른다. 참 좋은 목사님인 것을 느낄 수 있었다. 이에 여러 절차를 거쳐 12월 초가 되어서야 총회임원회는 총회 결의대로 동도교회가 요청하는 모든 증명서들을 발급해 줄 것을 결정했다. 그 추운 겨울 어느 날, 서초동 사랑의교회 근처 커피숍에서 장로님 몇 분과 함께 앉아서 총회임원회의 결과를 손꼽아 기다리면서 차를 마시던 기억들이 지금도 새록새록하다.

저녁 늦어서야 대표자증명서와 소속증명서 그리고 재직증명서를 총회본부 사무처에서 발급 받을 수 있었다. 총무 목사님이 많은 편리를 주셨다. 섬기는 모습이 참으로 귀해 보였다. 기쁘고 감사했다. 동행한 사무장 장로님과 함께 중요한 이 세 가지 증명서를 받아 들고서 기뻐서 몇 번이나 쳐다보았는지 모른다. 나는 운전을 하고, 장로님은 이 기쁜 소식을 당회원과 전 교우에게 SNS로 알렸다. 삽시간에 이 기쁜 소식은 온 교우들에게 알려졌다. 모두가 얼마나 기뻐했는지 모른다. 해방과 기쁨의 날이었다(에 9:22). 교회에서 기다리던 장로님들과 함께 저녁 식사를 했다. 그날따라 밥이 왜 그렇게 맛있었는지 모른다. 정말 하늘을 날아갈 듯 기뻤다. 법적 효력을 발생하는 세 가지 공식 증명서가 얼마나 중요한지를 뼈저리게 학습한 날이었다.

이 세 가지 증명서로 불법으로 빼앗긴 교회 모든 통장과 재산 등 기부 등본을 찾아 모두 원상 복구할 수 있었다. 그 동안 겪은 모든 수모가 한순간에 씻겨 나가는 듯 했다. 참고 인내하니까 좋은 일이 생겼다. 대표자 증명서가 이렇게 중요한 것인지를 예전에는 미처 몰랐다. 법적 효력을 발생하게 만드는 공식 증명서의 힘을 깊이 깨우쳤다. 자칭 동도교회 임시당회장이라는 분이 총회 서기의 허락도 없이 불법으로 총회 사무처를 통해 발급 받은 동도교회의 대표자증명서를 가지고 자신이 동도교회 당회장이라고 사칭하면서 얼마나 교회를 어렵고 힘들게 만들었는지 모른다. 불법으로 총회에서 발급받은 대표자증명서를 가지고 교회의 모든 은행 통장과 돈을 빼앗고, 교회 부동산까지 다 빼앗았다. 사택도 팔아 버렸다. 그리고 급기야 포크레인과 인부를 동원하여 교회 주차장에 펜스까지 치려고 했다. 이 악한 발상이 어디서부터 왔는지 도무지 이해할 수 없었다. 정말 목회자인가 싶었다.

같은 목회자로서 도저히 용납할 수 없었다. 모든 면에 본을 보여야 할 노회장이 예수님처럼 섬김의 본을 보이지는 못할망정 교권을 남용하여 교회를 허무는 일에 앞장을 섰다. 또한 전횡을 일삼았다. 같은 목사로서 도대체 이해가 가지 않았다. 영적 DNA가 달라도 너무나 달랐다.

왜 이렇게 동도교회 일에 집착하고 교회를 방해하는지 이해가 되지 않았다. 그동안 자신이 모든 교회의 해결사인양 행동했다. 참 안타까웠다. 노회의 절차와 법을 무시하고 불법과 전횡을 일삼는 그분의 처신이 도저히 납득되지 않았다. 강단에서 매주일 바르고 정직하게 살라고 그렇게 설교할 텐데 말이다. 왜 이렇게 불법과 전횡으로 교회를 해하는 데 앞장을 섰는지 도무지 이해가 가지 않았다.

교회 주차장 굴착기 난입 사건이 터진 다음날, 어느 인터넷 기독교 신문에 이 목사의 인터뷰가 실렸다. 2014년 11월 25일자로 기억된다.

"대표자 변경과 사택 매각은 법적으로 아무런 하자가 없다. 교인 전체가 교단을 탈퇴했기 때문에 교회 재산의 소유권은 예장합동 동도교회에 있다. 동도교회가 사단법인으로 갔으면 교회에 남아 있지 말고 나가야 한다."

이렇게 정당한 절차를 통해 교회 등기가 임시당회장으로 있는 자신에게 넘어온 것이라고 주장했다. 예배당도 자신의 소유이며, 교회 재산이기 때문에 합법적으로 회의를 통해 담임목사의 사택을 매각한 것이라고 주장했다. 자신은 동도교회 교인들의 고소를 피하지 않겠다고 했다. 기자가 옥 목사를 지지하는 교인이 대다수이고 훨씬 많은데, 법적으로 문제가 없겠냐고 물었다. 이에 그는 이렇게 답했다.

"교인 수의 많고 적음은 문제가 안 된다. 탈퇴하지 않았으면 문제가 될 수도 있겠지만, 이미 교단을 탈퇴한 상태이기 때문에 법적으로 교회 재산은 예장합동 동도교회 소유다."

참 자신만만한 인터뷰였다. 그런데 어떤 기사보다 다음의 기사가 울분을 터트렸다.

"정 억울하게 생각하면 소송을 하라. 소송을 기다리고 있다."

무엇을 믿고 저렇게 큰 소리를 치는지 알 수 없었다. 저 거만한 모습에 혀를 내둘렀다. 이 참을 수 없는 울분을 가지고 주님께 엎드렸다. 속히 해결해 달라고, 이 억울함을 풀어 달라고 구하고 또 구했다. 이렇게 다사다난했던 2014년이 지나갔다.

"내가 놀라서 말하기를 주의 목전에서 끊어졌다 하였사오나 내가 주께 부르짖을 때에 주께서 나의 간구하는 소리를 들으셨나이다. 너희 모든 성도들아 여호와를 사랑하라 여호와께서 진실한 자를 보호하시고 교만하게 행하는 자에게 엄중히 갚으시느니라 여호와를 바라는 너희들아 강하고 담대하라"(시 31:22–24).

15
김 목사의 죽음

    2015년 새해가 밝았다. 새해 벽두부터 장례를 집례했다. 새해부터 몸이 말을 잘 듣지 않았다. 두 달 동안 굉장히 아팠다. 잠을 잘 수 없었다. 신경성인 것 같고 면역력도 많이 떨어진 것 같았다. 숙면을 하지 못하니 만사가 귀찮았다. 그러던 2월 어느 날 김 목사님의 임종 소식을 접했다. 40대 중반인 김 목사님이 목양실에서 심장마비로 죽은 것이다. 김 목사님도 나처럼 목회에 큰 어려움을 당했다. 작년 가을에 어느 목사님의 소개로 몇 번 만난 적이 있었다. 참 좋은 분 같았다. 앞으로 형님으로 부르겠다면서 호형호제하며 지내자고 했다. 그리고 연초에 안부 전화까지 주셨다. 1월 말이나 2월 말쯤 또 만나자는 약속까지 했다.

    그러던 그분이 심장마비로 급사한 것이다. 큰 충격이었다. 이분도 목회적으로 상당히 힘든 시간을 통과하고 있었다. 그래도 나는 어쨌든 불법이지만 재판은 받아 면직을 받았다. 그런데 이야기를 들어보니 이분은 재판도 없이 면직 받은 것 같았다. 그렇게 교회 분쟁으로 아주 힘든 시간을 보내고 있었다. 어쨌든 큰 충격이었다. 장례식에 참석하였는데 만감이 교차했다. 사모님과 어린 자녀들이 너무 안쓰러웠다. 이 일로 더 건강을 돌아보게 되었다. 예전에 심장마비 증세로 큰 일 날 뻔한 적도 있었기 때문이다. 그렇게 2월은 우울하게 지나갔다. 그리고 봄이 찾아왔다.

어느 해보다 건강에 신경을 많이 썼다. 건강해야 힘든 상황도 견디고 버틸 수 있다. 그래서 병원도 자주 다니며 검진을 받았다. 교우들은 이런 모습이 안쓰러웠던지 건강식품을 많이 가져다주었다. 그 사랑이 고마웠다. 몸이 아팠지만 경건생활에는 늘 힘썼다. 이 시간이 나를 지탱해 준 버팀목이었다. 여호와를 구하고, 그분의 능력을 구했다(대상 16:10-11). 누구보다 십자가의 예수님을 많이 묵상했다(히 12:1-3). 한 동안 휴대폰 사용도 중지했다. 의사의 처방이었다. 목욕을 자주하고 많이 걷고 등산을 했다. 서울 성곽길을 많이 걸었다. 또 윤동주 문학관과 시인의 언덕도 자주 찾았다. 돌비에 적힌 '서시'를 읽으며 새로운 결의와 각오를 다지기도 했다. 정말 그의 시처럼 한 점 부끄럼 없는 목회를 하리라 다짐했다. 그렇게 트레킹을 하고 등산을 하다 보니 잡생각이 사라지고 정신도 맑아졌다. 사역에 집중할 수 있었다. 건강이 조금씩 호전되기 시작했다. 무엇보다 숙면을 취할 수 있었다. 살 것 같았다. 신경성과 불면증이 이렇게 고통스러운지 몰랐다. 성경에서 잠이 축복이라는 것을 뼈저리게 느꼈다(시 127:2).

교회 현안의 조속한 해결을 위해 특별새벽기도회를 자주 열었다. 새벽 강단을 지키며 기도에 전념했다. 할 수 있는 것은 기도와 말씀

뿐이었다. 이제 여호와께서 역사하시는 일만 남았다. 교인들은 건강을 생각하여 좀 쉬라고 했다. 그러나 그럴 순 없었다. 마지막 고비여서 더욱 기도에 전념했다. 최선을 다해야 했다. 사망의 음침한 골짜기를 지나 푸른 초장 쉴 만한 물가로 가는 마지막 여정이라 더욱 집중해야 했다(시 23:1-4). 여기서 무너지면 비탈길과 낭떠러지뿐이다. 지난 고난의 시간이 헛될 수 있다. 그렇게 사망의 음침한 골짜기를 말씀과 기도의 힘으로 통과했다.

이런 와중에 소속 노회의 분립 절차는 계속 진행되었다. 이 노회 분립이 잘 해결되어야 교회 현안이 완결될 수 있다. 동도교회의 사활과 직결된 문제였다. 이렇게 노회 분립이 노회에서 결정된 것 자체가 은혜와 기적이었다. 그런데 이후 분립을 방해하려는 시도들도 참 많았다. 그러나 총회 분립위원회에서는 중심을 잡고 노회 분립 절차가 잘 진행되었다. 그런데 분립위원회는 노회 분립이 마칠 때까지 동도교회 현안은 다루지 않기로 했다는 소식이 들려왔다. 실망했다. 노회 분립이 확정되려면 최소한 일 년이 걸린다. 또 다시 기다려야 했다. 세상만사 쉽게 되는 일이 없다. 삶이 기다림의 연속인가 싶었다.

당시 어느 유명 랩 가수가 부른 가사처럼 축복은 기다리고 기다리는 자에게 주어지나 보다. 믿음으로 또 기다려야 했다. 승리의 말씀을 굳게 잡고 믿음으로 기도와 말씀에 집중하면서 좋은 때가 올 줄 믿고 기다렸다(히 11:6). 기쁨으로 참고 기다렸다(약 1:12). 기대하며 기다렸다(히 11:1). 고난을 참으신 예수님의 십자가를 묵상하며 인내하고, 기도에 더욱 매진했다(히 12:1-3). 모든 일이 잘 될 줄 믿고 확신하며 기다렸다(롬 8:28). 최후 승리를 얻기 위해 끝까지 험한 십자가를 꼭 붙들고 기다렸다. 그때 〈갈보리 산 위에〉 찬송을 참 많이 불렀던 것 같다.

'최후 승리를 얻기까지 주의 십자가 사랑하리
빛난 면류관 받기까지 험한 십자가 붙들겠네'

16
재판 승소

2015년 4월 9일 총회분립위원회는 어느 정도 노회 분립이 확정되자, 양측 대표단을 불러 중재에 나섰다. 당회원들과 함께 총회회관으로 갔다. 서로 한발씩 양보하라는 화해의 요청을 받았다. 양 일간에 걸친 마라톤협상 끝에 양측은 협상의 토대를 마련했다. 우리는 총회분립위원회의 중재안을 그대로 수용하겠다는 의사를 전했다. 그러나 상대방은 중재안이 미흡하다며 시간을 끌다가 결국 합의문에 사인을 하지 않았다. 상대가 요구한 금액이 너무 지나쳤다. 그렇게 양측의 합의가 무산되었다. 이후 몇 개월 동안 합의는 답보 상태였다. 지루하고 답답한 시간이 또 흘렀다. 또 기다려야 했다. 끝까지 기다리는 자가 승리하는 법이다.

이 와중에도 양측의 법적 소송은 계속 진행되었다. 대부분의 소송에서 법원은 우리의 손을 다 들어주었다. 상대가 절차법을 무시하였기에 당연한 귀결이었다. 소송에서 계속 승소하자, 상대는 어쩔 수 없이 총회분립위원회의 중재로 다시 협상 테이블로 나왔다. 그리고 결국 합의했다. 만약 법원에서 상대가 승소했다면, 그들은 결코 협상 테이블로 다시 나오지 않았을 것이다. 상대는 총회의 결의도 무시했다. 총회임원회의 결의도 시행하지 않았다. 총회장까지 고소했다. 그렇게 안하무인이었다. 연 이은 승소로 인한 사법부의 판결은 한결 같았다.

'동도교회의 당회장은 옥광석 목사다. 그 외 어느 누구도 대표가 될 수 없다. 교단 탈퇴가 곧 교회 탈퇴를 뜻하지 않는다. 교인 삼분의 이가 합법적인 절차를 밟아 교단을 탈퇴한 것은 적법하다. 동도교회에 대한 평양노회의 임시노회장 결의 및 파송은 불법이다.'

이런 판결을 사법에서 정확하게 적시해 주었다. 법적 승소가 협상의 결정타가 되었다. 상대는 총회의 결의를 무시할 수는 있다 해도, 법원의 판결은 무시할 수 없었던 모양이다. 공권력 때문이었다. 잘못하다간 형사 처벌까지 받을 수도 있었다. 목사가 형사 처벌을 받으면 어떻게 되겠는가? 목회의 공든 탑이 하루아침에 무너진다. 상대는 이것이 무서웠던 모양이다.

합의문의 요지는 '옥광석 목사가 여전히 동도교회의 대표요 당회장'이라는 것이다. 그리고 상대는 '교회를 신설 개척한다'는 것이다. 이로 인해 만 3년 동안 끌던 동도교회 현안은 완전히 종결되었다(관련내용 참고: 뉴스앤조이 기사: '동도교회 반대파, 교회 떠나기', 2015-07-25).

절차법을 무시한 채 지교회 문제를 다룬 노회 교권주의자들의 횡포와 불법 그리고 협박 때문에 동도교회는 지난 3년간 참으로 고달프고 힘겨운 고난의 시간을 보냈다. 모든 문제가 노회법과 절차를 무시한 노회 내 교권주의자들의 전횡과 횡포 때문이었다. 이렇게 노회 안의 전횡을 일삼는 힘 있는 교권주의자들 때문에 교회가 3년 동안 말할 수 없는 진통과 내홍을 겪었다. 말할 수 없는 시달림을 받았다. 힘 있고 불의한 노회의 교권주의자들로부터 지역교회가 제대로 슈퍼 갑질을 당했다. 이 일로 어려움을 당한 교회와 목회자들이 많다. 그러나 동도교회는 이들의 불법과 불의에 저항하며 의연히 맞섰다. 예수님이 가신 의의 길, 십자가의 길을 갔다. 그러면서 양심의 자유와 기쁨을 누렸다.

노회가 바로 서야 지역교회가 바로 선다. 총회가 바로 서야 노회가 바로 선다. 최소한 교회법과 절차만 지켜주면 된다. 상식만 지켜주면 된다. 경기의 룰만 지키면 된다. 이것은 교양과 상식이다. 그런데 이런 기본적인 것들이 지켜지지 않았다. 노회 내에서 편법과 불법이 수도 없이 자행되었다. 힘 있는 자가 약한 자를 힘들게 만드는 그런 승자 독식의 방식이 지속된 것이다. 이것 때문에 정치력이 약한 지역교회와 목회자들이 말할 수 없는 어려움과 곤경에 처한다. 안타까운 현실이 아닐 수 없다.

교회와 상관없는 외부 세력보다 교회 내부 세력이 교회를 더 혼란스럽게 만들고 곤경에 빠뜨린다. 이보다 더 모순되고 어처구니없는 일도 없다. "생선은 머리부터 썩는다"고 작가 마크 트웨인은 말했다. 진리다. 노회가 바로 서야 한다. 그래야 지역교회가 바로 선다. 목회가 평안해진다. 목회가 평안하고 행복해지면 교회는 부흥된다. 힘을 얻어 전도와 말씀 사역에 전념할 수 있다. 윗물이 맑아야 아랫물도 맑다. 변함없는 진리다. 부디 생선 머리가 썩지 않기를 기도할 뿐이다. 올해가 종교개혁 500주년이라고 한다. 뭐 특별하게 달라지지 않을 것이지만 한 가지 기대하는 것은 영적 지도자들이 좀 더 각성하여 맑은 영혼을 가지면 좋겠다는 것이다. 모든 문제들이 지도자들 때문에 기인하는 일들이 많다. 생선이 싱싱해야 쳐다보는 사람들의 마음이 기쁘고 즐겁다.

17
회개하세요

　최종 합의를 위해 총회 회의실에서 장시간 마라톤 회의를 하던 2015년 7월 23일 목요일, 몇 시간 동안 대면하기 힘든 분들과 동석했다. 이 분들 중의 두 분은 교회 내에서 담임목사를 대적하여 쫓아내는 데 앞장섰다. 또 한 분은 노회 내의 배후조종자라고 할 수 있다. 동도교회의 당회장 자리를 가장 탐내던 분이라 할 수 있다. 탁월한 정치 수완으로 언제 어디서나 잘 빠져 나가는 분으로 정평이 났다. 그리고 자칭 동도교회 임시당회장이라고 끝까지 주장하는 분도 함께 했다. 이 분은 또 다른 황제목회의 달인이다. 불법으로 동도교회의 사택을 매각했고, 교회 주차장에 포크레인을 동원시킨 장본인이다. 작년 교회 주차장 포크레인 난입 사건 직후 모 기독교 인터넷 신문 기자와 인터뷰를 하면서 "정 억울하게 생각하면 소송을 하라. 소송을 기다리고 있다."고 큰 소리쳤다. 이들과의 대면은 참 불편했다.
　이 대면에서 놀란 것은 이 분에게서 예전의 기세등등함을 찾아볼 수 없었다는 점이다. 풀이 죽고, 온순한 양이 되셨다. 신기하고 놀라웠다. 무엇이 이렇게 만들었을까? 연이은 패소 때문인 듯싶었다.

조속히 합의가 이루어져 자신과 연관된 형사 고소 건이 빨리 취하되기를 바라는 마음이 간절해 보였다. 그 동안의 재판과 소송 때문에 검찰에 소환되어 조사를 받는 것이 꽤나 힘들었던 모양이다. 총회 결의도 무시하고, 총회장을 상대를 고소까지 하고, 착하고 바른 동도교회를 그렇게 힘들게 만든 참으로 대단한 일들을 하셨다. 이런 대단한 분들이 이 날은 온순한 양이 되었다.

어떻게 이 지경까지 되셨을까? 이 분이 그렇게 의지하던 교회 정치권에 힘 있는 유력한 분들도 더 이상 힘을 쓸 수 없게 되었나 싶었다. 그 분은 여러 차례 어느 유력한 교단 내 정치권 인사에게 가서 빌고 도움을 청하라고 했다. 장로님들과 함께 가서 빌라고 했다. 그것이 나와 동도교회가 사는 길이라 했다. 나는 단호히 거부했다. 이 분이 처음부터 이러지는 않았을 것이다. 처음엔 복음과 십자가 앞에 순수했을 것이다. 교회 정치를 제대로 바르게 배워야 한다. 장로교 교회 정치는 필요하다. 정치는 세상뿐만 아니라 교회를 바르게 세운다. 바르고 정직하고 선한 정치가 교회에 필요하다. 특히 장로교는 더욱 그렇다. 이 바른 교회 정치는 교회를 유익하게 만든다. 그러기에 선하고 바른 교회 정치가 필요하다. 그런데 잘못 배우면 낭패를 본다. 세속적인 정치를 배우면 자신도 망치고 목회도 망친다.

2011년으로 기억된다. 당시 노회 동부시찰회 주관으로 춘천으로 교직자 가을 야유회를 다녀온 적이 있다. 돌아오는 길에 버스에서 시찰장과 동석했다. 시찰장은 내게 젊은 나이에 큰 교회에 부임했다고 칭찬했다. 소탈한 모습이 좋아 보인다며 칭찬을 아끼지 않앉다. 나도 그 분을 존중했다. 개척하여 지금까지 성공적인 목회를 하는 분이어서 더욱 그랬다. 그런데 이 분이 2012년 가을 정기노회 때 나에 대한 불법 탄원서와 고소장이 접수되자 돌변하셨다. 이 날 이후로 본색을 드러내셨다. 힘 있는 노회 교권주의자들과 결탁하여 누구보다 나를 동도교회에서 쫓아내는 데 앞장섰다. 어떤 분의 사주를 받았는지 모르지만, 확연히 딴 분으로 변했다. 정말 놀랍고 이해할 수 없었다. 그렇게 좋아 보이던 분이 돌변해 버린 것이다.

이뿐 아니다. 정신과적 문제로 탄원서와 고소장이 올라오자, 시찰회에서 조사를 했다. 이 때도 완전히 딴 분이 되어 계셨다. 급기야는 이 분이 노회장으로 있던 2014년 봄에 임시노회를 개최하여 불법으로 재판국을 설치하고 이단으로 기소했다. 이 분의 기세는 하늘을 찔렀다. 그 카리스마와 권세가 대단해 보였다. 이런 분이 총회장이라도 하면 정말 엄청난 일을 할 수도 있겠다는 생각을 했다. 이 분이 그렇게 의지하던 분도 함께 하였으니 더욱 기세등등해 보였다.

2013년 12월 겨울 어느 날인가 싶다. 어떤 분의 대학 총장 취임식에 참석했다가 교회로 돌아오는 길이었다. 갑자기 전화가 왔다. 노회 서기였다. 노회장이 좀 보자고 한다는 것이다. 그래서 차를 돌려 동행한 장로님과 함께 노회장을 만났다. 노회장과 서기가 먼저 와서 앉아 있었다. 우리를 보자마자, 나와 동도교회 당회원 모두가 이번에 총장으로 취임한 분을 찾아가서 무릎을 꿇고 사과하라고 했다. 이것이 동도교회와 옥 목사가 사는 길이라고 했다. 총회 직영인 이 대학의 총장은 총회장보다 높다고 했다. 어이가 없었다. 그렇게 이 분은 특정인을 의지했다.

어쨌든 예전에 보았던 당당함은 협상 테이블에서는 찾아볼 수 없었다. 인간적으로 참 불쌍해 보였다. 끝까지 당당함을 잃지 않을 것이라 생각했다. 그래도 마지막 자존심 때문인지 여전히 자신이 동도교회 임시당회장이라고 주장했다. 총회분립위원장과 위원들도 그의 말을 듣고 어이가 없다는 표정을 지었다.

동석한 서기 장로님이 그의 말을 듣고 왜 그 분이 동도교회 임시당회장이 아닌 이유를 들면서 조목조목 반박했다. 그랬더니 더 이상 반문하지 못했다. 이에 맞은편에 앉아 있는 내가 그 분에게 조용히 한 마디만 했다.
"목사님, 회개하세요."
이 말을 듣자 지그시 눈을 감았다. 입을 다물고 계셨다. 참으로 놀라웠다. 예전 같으면 어림없는 일이었다.

이 분은 교권으로 온갖 수단과 방법을 동원하여 힘없는 나와 동도교회에 압박하면서 불법을 자행했다. 그리고도 회개할 줄 몰랐다. 나는 가능한 아무 말 하지 않고 조용히 협상에 임했다. 그런데 끝까지 반성하는 기미가 보이지 않아서 회개하시라고 조용히 한 마디만 던졌다. 그 분에게 묻고 싶다.
'굳이 나와 가족이 살고 있는 사택까지 불법으로 팔았어야 했는지요? 목사님도 목회자이고 가족이 있을 텐데 말입니다. 나와 동도교회가 무엇을 잘못했기에 그렇게 압박하고 불법을 자행하셨는지요? 앞으로 정치적 수완이 좋아 총회에서 높은 자리를 차지하시더라도 제발 나와 동도교회에 자행했던 불법만은 행하지 않았으면 합니다. 바르고 의롭게 교회 정치를 하시기 바랍니다. 힘없는 교회와 약한 목회자를 돕는 정의로운 교회 정치를 부탁드립니다. 그리고 권세 있는 사람보다 하나님을 더욱 의지하시기 바랍니다.'

권세가 있다고 해서 함부로 약자를 억압하지 말아야 한다. 강자에게 굽실거리지 않고, 강자가 잘못했을 때는 좀 손해를 보더라도 바른 말을 하고, 약자에게 더 관대해야 한다. 또 남의 교회 일에 지나치게 간섭하지 말아야 한다. 자신의 목회에만 충실하면 된다. 그리고 목회자의 순수성을 끝까지 유지해야 한다. 이것이 목회자가 가야 할 길이다. 정치하려고 목사가 된 것이 아니라 목회하려고 목사가 된 것이다. 정치하려고 했으면 말 그대로 세상 정치권으로 나가면 된다.

사람은 모두에게 한계선이 있다. 보이지 않는 관계와 권한의 한계선이다. 이 한계선을 넘지 말아야 한다. 노회장이라는 자리는 섬기는 자리이지, 절대 군림하는 자리가 아니다. 낮은 자리로 내려와 제자들의 발을 씻기신 예수님처럼 지교회와 목회자를 섬기는 자리가 바로 노회장이라는 성직이고 임원회다. 절대 감투가 아니다. 두렵고 떨리는 심정으로 맡은 직분을 겸손히 감당해야 한다.

대단한 착각을 한 모양이다. 노회장이 권세를 부리는 자리로 착각한 모양이다. 이것이 교회의 세속화다. 노회장은 섬기는 자리이지, 권세로 군림하는 자리가 아니다. 자기 마음대로 전횡을 일삼는 그런 자리는 더 더욱 아니다. 명예욕을 내려놓아야 한다. '목사'라는 성직보다 더 크고 영광스러운 직은 없다. 목사라는 성직 하나만으로 성도들에게 존경을 받는다. 목사 된 것 자체가 영광이다. 무엇보다 설교권 자체가 영광이다. 예수님처럼 선한 목자가 되어야 한다 (요 10:11). 어떤 직함보다 목사라는 직함이 가장 영광스럽다. 이보다 더 영광스러운 직함은 없다. 그렇게 목사는 예수님 대신 교회를 위하여 희생하며 섬기는 성직이다. 그 희생과 섬김을 오히려 영광과 보람으로 느끼며 사는 자가 소명 받은 목사다.

"나는 선한 목자라 선한 목자는 양들을 위하여 목숨을 버리거니와 삯꾼은 목자가 아니요 양도 제 양이 아니라 이리가 오는 것을 보면 양을 버리고 달아나나니 이리가 양을 물어 가고 또 헤치느니라 달아나는 것은 그가 삯꾼인 까닭에 양을 돌보지 아니함이니 나는 선한 목자라 나는 내 양을 알고 양도 나를 아는 것이니 아버지께서 나를 아시고 내가 아버지를 아는 것 같으니 나는 양을 위하여 목숨을 버리느니라"(요 10:11-15).

18
횡포

뜻하지 않게 교회 분쟁을 겪으면서 세속화된 교권주의들의 횡포와 실상을 깊숙이 들여다보게 되었다(마 5:31). 교권을 차지하려는데 혈안이 된 어두운 모습과 감투싸움은 참으로 놀라웠다. 충격이었다. 설마 했는데 참담했다. 굳이 구약시대의 타락한 거짓 선지자와 제사장 이야기까지 끄집어 낼 필요 없었다. 거짓과 위선으로 점철된 모습에 망연자실할 수밖에 없었다(렘 5:31). 어떻게 그렇게 세속적인 명예를 좋아하는지 이해할 수 없었다. 어안이 벙벙했다. 어떻게 이럴 수 있나 싶었다. 윗물이 맑아야 아랫물도 맑다. 그런데 그렇지 못한 교회의 뒤 풍경에 참담하기만 했다.

교회 지도자는 교회를 세우고, 교회의 유익과 덕을 세우고, 이 일에 희생하고 섬김의 본을 보여야 한다. 돈과 권력과 명예를 멀리해야 한다. 정직해야 한다. 뇌물을 받고 재판을 굽게 하지 말아야 한다. 그런데 직업이 정치 목사요, 정치 장로인 소수 때문에 총회와 노회의 맑은 물이 탁해지고 있다. 정말 타락한 소수의 정치 목사, 정치 장로들 때문에 맑은 교단의 물이 흐려지는 현실이 안타까웠다. 왜 이렇게 세속화 되었을까? 이 모든 것이 십자가의 은혜에서 멀어졌기 때문이라고 어느 존경 받는 목사님은 탄식했다.

"우리 안에 꿈틀거리는 탐욕은 어디서 오는 것입니까? 자꾸 높아지려 하고, 대접받으려 하는 마음은 어디에서 생기는 것입니까? 남하고 비교하면서 자기를 자꾸 비하시키고 다른 사람을 부러워하는 마음은 어디에서 오는 것입니까? 무엇이 조금만 잘 돼도 자기 자랑하기에 바쁘고 유명해지려고 하는 본성은 어디서 오는 것입니까? 겉으로는 신학으로 옷 입고, 아름다운 이론으로 옷 입었지만, 속으로 들어가 보면 주님의 사람으로서는 생각할 수 없는 변질된 모습을 하고 있는 것은 어디서 오는 것입니까? 성도를 위해 희생하려 하고, 성도를 위해 자기 생명을 던지려고 하는 자세보다는 어떻게 하든지 성도를 이용해 좀 더 인생을 즐겁게 기쁘고 의미 있게 살려고 애쓰는 사고방식은 어디에서 오는 것입니까? 모든 것이 십자가에서 멀어졌기 때문에 나타나는 변질 현상입니다. 그러므로 중요한 것은 십자가와 나 사이의 거리가 얼마나 되는지 항상 재야 합니다."(옥한흠 목사. 《소명자는 낙심하지 않는다》, p. 248).

부패한 교회의 현실을 깊숙이 들여다보고, 세상을 닮아가는 그리스도인들을 향하여 우리 시대 선지자로 알려진 A. W. 토저 목사는 이렇게 외쳤다.

"그런데 그리스도인이라는 사람들이 지위와 명성을 얻기 위해 서로 다투는 것을 보고 우리는 뭐라고 말해야 하는가? 그들이 칭찬과 명예에 마음을 빼앗기는 것을 어떻게 설명해야 하는가? 인기를 낚는 어부로 전락해버린 기독교 지도자들에게 대해 뭐라고 말해야 하는가? 교계 여기저기서 볼 수 있는 정치적 야심은 또 무엇인가? 좀 더 많은 헌금을 받아 내기 위해 내미는 흥건한 손바닥은 또 무엇인가? 주님의 사업을 한다는 명목 하에 기독교 기관을 세우고 정치인과 기업가들의 지원을 받기 위해 아첨과 교태를 부리는 목회자들의 형태는 또 무엇인가? 부끄러운 줄을 모르고 자기중심적으로 사는 그리스도인들에 대해 뭐라고 말해야 하는가? 인기 있는 지도자를 영웅으로 치켜세우려고 열을 올리는 천박한 개인숭배는 또 무엇인가? 복음을 전하는 건전한 설교자로 자처하는 사람들이 부자를 따라가 비굴하게 아부하는 모습을 뭐라고 말할 수 있는가? 이런 질문에 뭐라고 답해야 하는가? 우리의 대답은 딱 하나이다. 이런 현상들 속에서 우리는 '세상'을 본다. 더도 덜도 아니다. 바로 '세상'이다. 이런 현상 속에 도사리고 있는 죄가 우리 주님을 십자가에 못 박은 것이다."(A. W. 토저, 《이것이 성령님이다》. pp. 25-26).

교회 분쟁을 겪으면서 세속화 된 교회의 실상을 보았다. 명예욕과 탐욕과 권력욕에 가득 찬 세상의 그림자를 성스러운 교회 속에서 보았다. 십자가와 상관없는 교단의 어두운 그림자도 보았다. 세상의 죄가 교회 깊숙이 스며들었다. 이것이 바로 교회의 세속화였다.

나 자신을 돌아본다. 금권과 명예욕으로 타락한 교권주의자들의 실상이 반면교사가 되었다. 당회원들과 성도들에게 같은 목사로서 부끄러웠다. 평신도보다 못한 영적 수준과 윤리와 도덕 수준을 가진 소수의 타락한 교회 지도자의 전횡과 횡포 때문에 한국교회는 홍역을 치르고 몸살을 앓고 있다. 속히 개혁되고 갱신되고 정화되기를 기도한다. 그래도 예장합동총회는 새로운 총회장과 의로운 총대들이 세워져서 갈수록 개혁되고 있다. 얼마나 감사한지 모른다. 자고하여 넘어지지 않으려면 더욱 겸손해야 한다. 말씀 앞에 벌벌 떨어야 한다. 선 줄로 생각하는 순간 넘어진다(고전 10:12). 두렵고 떨리는 심정으로 구원을 이루어가야 한다. 오직 십자가와 은혜와 말씀에 사로잡혀야 한다. 예수님과의 첫 사랑을 평생 잊지 말아야 한다. '무익한 종의 가르침'을 평생 마음에 새기며 주님의 교회를 섬겨야 한다(눅 17:10). 나 같은 죄인을 구원하시고 또한 목사로 불러 주신 하나님의 놀라운 은혜와 사랑을 평생 기억하며 목회해야 한다.

19
맑은 목회자

"성직자의 영혼은 아침 햇살처럼 맑아야 한다."고 한 어거스틴의 말처럼 목회자는 먼저 예수님처럼 맑은 영혼을 회복해야 한다. 교회는 권력과 거짓과 술수를 버리고 거룩과 진실, 명예 그리고 무엇보다 말씀의 권위를 회복해야 한다. 거룩과 진실, 그리고 청빈과 순결과 순종의 삶을 회복해야 한다. 작고하신 존경 받는 어느 목사님께서 한국교회 목회자와 교회 지도자에게 이런 충고를 하셨다.

"목사는 강단에서 하나님 나라를 외치는 사람이고, 천당의 화려함과 아름다움과 그 영광을 이야기하면서 세상의 고통과 아픔을 위로하는 사람입니다. 우리가 설교할 때 자주하는 말이 있지 않습니까? 욕심을 버려야 합니다. 하나님의 종들은 욕심을 초월한 사람들입니다. 명예라는 것은 저 굴러다니는 돌처럼 생각하는 사람들입니다. 그런데 단상에서 설교하는 것에 비해서 단하의 태도는 너무나 추합니다. 우리 목사들은 마음을 비워야 합니다. 명예에 대해서도, 돈에 대해서도 그렇습니다."

작금의 한국 교회의 현실을 바라보면 마음이 참 아프다. 세속화의 물결은 교회를 향하여 끊임없이 공격하는데 오히려 교회 내부의 소수 교권주의자들의 횡포는 날로 심해지고 있다. 세상도 정치도 개혁되고 새로워지고 있다. 백성들을 신바람 만들게 하고 있다. 그런데 교회 개혁의 속도는 어떻게 더 느린 것처럼 보인다. 그 옛날 예수님 시대 바리새인과 장로들과 대제사장들처럼 몇 몇 교권주의자들은 높은 자리 좋아하고, 상석을 좋아하고, 돈을 좋아하고, 명예를 좋아하고, 대접 받는 것을 좋아한다. 공의를 헌신짝처럼 버린다. 권모술수에 능하고, 거짓말을 해도 양심의 가책을 받지 않는다. 무엇보다 잘못을 인정하는 것과 회개를 무척 싫어한다. 예수님 시대 타락한 거짓 선지자들의 그림자가 오늘 우리 시대에도 길게 늘어져 있는 듯 하다.

"눈 먼 바리새인들이여 너는 먼저 안을 깨끗이 하라 그리하면 겉도 깨끗하리라 화 있을진저 외식하는 서기관들과 바리새인들이여 회 칠한 무덤 같으니 겉으로는 아름답게 보이나 그 안에는 죽은 사람의 뼈와 모든 더러운 것이 가득하도다"(마 23:26-27).

교회는 하나님에 대한 두려움이 사라졌다. 이것이 가장 큰 문제이다. 하나님 여호와를 향한 경외함이 점차 사라지는 것 같아 마음 아프다. 대신 교회 안에 돈과 권력과 명예라는 우상이 그 자리를 대신 차지하고 있는 것 같다.

처음 본 노회에 소속되었을 때 무척 자랑스러웠다. 명성도 있었지만, 훌륭하신 분들이 많이 계신다고 생각되었기 때문이다. 그런데 기대가 너무 컸던지 갈수록 실망은 더 커져만 갔다. 노회가 사유화 되어 가는 듯한 인상을 받았다. 공의롭고 거룩한 교회의 모습은 오간 데 없고 힘 있는 몇 분의 노회로 전락되는 것 같아 마음이 아팠다. 바르고 생산적인 일보다 모이면 다투고 싸웠다. 감투와 명예 때문에 더욱 그랬다. 본을 보여야 할 분들이 절차를 무시하고 원칙을 어겼다. 법과 질서가 무시되었다. 노회 참석이 부담스러웠다. 언제부터인지 노회 참석하기가 싫어졌다.

노회는 이미 한 지붕 두 살림이었다. 모이면 다투고 분쟁하고 싸웠다. 무엇보다 감투 다툼에 바람 잘 날이 없었다. 법과 절차만 따르면 된다. 룰만 지키면 된다. 그런데 이런 원칙과 절차가 무시되었다. 노회의 사유화와 권력화가 노회를 어지럽게 만들었다. 이런 모습 때문에 노회를 다녀올 때마다 부담스럽고 머리가 아팠다. 그래도 의로운 생각과 바른 의식을 가진 노회원들이 있어 다행이라 생각했다. 이런 와중에 몇 교회의 문제로 노회가 내홍을 겪다가 이제 동도교회 문제로 불똥이 튀었다. 이 일로 노회가 첨예하게 대립했다. 어느 날 아침 목양실에서 성경을 읽는데 창세기 25장을 읽게 되었다.

"여호와께서 그에게 이르시되 두 국민이 네 태중에 있구나 두 민족이 네 복중에서부터 나누이리다 이 족속이 저 족속보다 강하겠고 큰 자가 어린 자를 섬기리라 하셨더라"(창 25:23).

이 말씀을 읽고 묵상하는데 이 구절이 감동으로 다가왔다. 노회가 갈라질 수도 있겠다는 마음이 순간 들었다. 혼자 이 말씀을 마음에 담고 기도했다. 노회가 분립되어 서로가 윈-윈(win-win) 하면 좋겠다는 마음이 들었다. 그런데 놀랍고 신기한 것은 얼마 후 노회 분립이 현실화 되었던 것이다.

20
노회 분립

　동도교회 현안 종료와 함께 무엇보다 감사한 것은 소속 노회 분립이었다. 동도교회 현안이 완결되더라도 노회가 분립되지 않는다면 계속 교회는 어려움에 처할 수밖에 없었다. 노회 내 정치적인 역학 구조 때문이다. 힘의 균형에 따라 언제든지 동도교회는 또 다시 소용돌이에 휘말릴 수 있다. 지역교회의 상회가 노회다. 지교회 목사는 노회 소속이다. 그래서 노회는 언제나 갑이고, 목사와 정치력이 약한 지역 교회는 항상 을의 위치일 수밖에 없다. 물론 이것이 목사에게 보호장치도 되지만 잘못되면 목회적인 어려움에 처할 수도 있다. 노회가 갑으로서 권세를 부리면 을인 지교회와 담임목사는 항상 당할 수밖에 없는 입장이다. 그러니 동도교회로서는 노회 분립이 얼마나 놀라운 하나님의 은혜와 섭리였는지 모른다.

　동도교회의 현안이 기폭제가 되어 노회가 분립되는 쪽으로 급선회 했다. 기득권 세력인 주류는 분립을 적극 반대했다. 크고 막강한 노회를 분립할 이유가 전혀 없었다. 노회를 바로 세우려는 개혁 비주류 총대들이 노회를 분립하기 위해 청원을 했다. 그래도 소용이 없었다. 그런데 막상 주류가 노회 임원과 총대 선거에서 지자 역으로 주류에서 노회 분립을 먼저 제안했다. 그렇게 노회분립 안이 정식으로 통과되었다. 2014년 봄 정기노회 때의 일이다. 그리고 동년 9월에 98회 총회의 허락을 받고 총회는 총회분립위원회를 파송했다. 이후 정식으로 노회분립 작업에 들어갔다.

이 분립 과정도 우여곡절이 많았다. 노회 분립은 동도교회 현안 종결과 직결되었다. 노회가 잘 분립되어야 동도교회 문제도 잘 해결될 수 있다. 그래서 상당한 어려움과 방해가 있었다. 그럼에도 불구하고 하나님의 은혜로 노회는 분립되었다. 총회분립위원회의 주관으로 각각 분립 예배를 드렸다. 총회분립위원들이 많은 수고를 했다. 남은 것은 동도교회가 총회 결의대로 노회에 가입하는 문제와 나의 복권 문제만 남았다. 총회에서 환부된 나의 면직 판결을 노회가 개최하여 원인무효를 선언하면 된다. 동도교회 당회는 평양제일노회로 가입을 원했다. 그런데 이 문제가 그렇게 쉽지 않았다. 알게 모르게 많은 방해가 있었다.

아무리 방해해도 하나님의 선한 뜻은 반드시 이루어진다. 느헤미야가 백성들과 함께 무너진 성벽 재건에 나섰다. 그런데 주변 이방 총독과 사람들이 예루살렘 성벽 공사를 지속적으로 방해했다. 총독 느헤미야를 오노 평지로 유인하여 살해하려는 계획도 세웠다. 그러나 실패로 돌아갔다. 나중에는 성전으로 유인하여 살해하려 했다. 그런데 이 모든 것이 실패로 돌아갔다. 결국 불타 무너진 예루살렘 성벽은 총독 느헤미야의 지도하에 완성되었다. 대적자들이 방해한다고 총독 느헤미야를 통한 하나님의 선하신 계획과 뜻이 무력화되지 않는다. 하나님은 선한 뜻을 반드시 이루신다. 시간이 좀 걸릴

뿐이다. 결국 하나님의 선한 뜻은 성취되었다.

만약 노회가 분립되지 않고 나와 동도교회 문제가 해결되었다면 분쟁의 불씨는 계속 남았을 것이다. 그러나 하나님의 섭리와 은혜로 합동총회 정치1번지로 불렸던 노회가 분립되었다. 남은 불씨가 완전히 사라진 것이다. 노회 분립은 나와 동도교회에게 마치 홍해 사건과 같았다. 이제 평양제일노회에 정식 절차를 밟아 소속되기만 하면 모든 현안이 종료된다. 그렇게 되면 교회는 안정과 평안을 되찾게 된다. 노회 분립은 동도교회를 향한 놀라운 하나님의 은혜와 역사였다. 동도교회에 분 개혁의 바람이 합동총회 교회정치1번지 노회에도 불어 노회가 분립된 것이라고 믿는다. 생각하면 할수록 놀랍다. 하나님의 역사요, 섭리였다. 전적인 하나님의 은혜였다. 하나님께서 도우셨기에 모든 것이 가능했다. 동도교회에 불기 시작한 개혁과 갱신의 바람이 개혁의 폭풍으로 휘몰아친 것이다.

소속 노회의 생리와 체질을 잘 아는 사람들은 다들 기적이라 했다. 노회 분립은 기적이었다고. 동도교회가 그 무서운 교권의 바람과 역풍을 참고 견딘 것도 기적이라 했다. 그렇다. 동도교회는 분쟁의 시간을 통해 정말 하나님의 기적과 같은 은혜의 손길을 체험했다. 하나님의 능력을 손으로 만지고, 귀를 듣고, 눈으로 보았다.

"내가 주께 대하여 귀로 듣기만 하였삽더니 이제는 눈으로 주를 뵈옵나이다"(욥 42:5).

이런 하나님의 능력과 기적을 경험했다. 그래서 앞으로 어떤 시련이 와도 모든 것을 견딜 수 있는 믿음을 더욱 견고히 가지게 되었다.

교권을 가진 노회 권력이 불법을 저질러도 울며 겨자 먹기 식으로 개 교회는 당하는 수밖에 없다. 이것이 교단 정치의 현실이다. 반기를 들면 기득권을 가진 교권주의자들이 수단과 방법을 가리지 않고 지교회 목회자와 당회를 무력화시킨다. 그렇다고 모든 노회가 다 그런 것은 아니다. 합동총회 안에 대부분의 노회는 견실하고 건강하다. 절차와 법을 준수한다. 지교회를 세우고 미자립교회를 돕고 전도와 선교와 구제에 힘을 쓴다. 그러나 이와 무관한 노회가 간혹 있다. 당시 동도교회와 내가 속한 노회의 권력은 막강했다. 무소불위의 교권을 휘둘렀다. 치리회도 개최하지 않고 임원회에서 마음대로 위임목사의 당회장권을 정지하고 해임했다. 막강한 교권이었다. 초법적인 교권이었다. 특정인에게 이런 권세가 주어지기도 했다. 교권주의자들이 지교회와 목사의 생사여탈권을 쥐고 마구 흔들었다. 노회임원회가 곧 노회는 아닌 것이다. 노회임원회는 노회원의 뜻을 잘 받들어 섬기는 조직이다. 힘 있는 노회 내 특정 개인이 곧 노회가 아니다. 노회 안에 있는 힘 있는 몇 분의 전횡과 횡포 때문에 노회의 법과 절차가 무시됨으로 힘없고 약한 교회와 목사들이 참 많은 어려움과 핍박을 당한다.

예를 들어, 당회장직을 정직시키려면 노회법 상 반드시 치리회인 노회가 정식으로 개최되어야 한다. 이런 절차 속에서 전체 노회원의 승인을 받아야 한다. 그럼에도 불구하고 치리회인 노회도 개최하지 않고 임원회 단독으로 내게 당회장권을 무려 네 번씩이나 정지시켰다. 이 모든 것이 임원회의 불법적인 결정이었다. 이 배후에 특정인의 입김도 작용했다. 이렇게 막강한 노회 교권에 맞서 동도교회는 의연하게 대처했다. 협박 공문도 수도 없이 많이 받았다. 이런 노회의 생리를 잘 아는 노회원들은 이제 나와 동도교회가 다 끝났다고 했다. 소위 괘씸죄로 인해 나와 동도교회는 더 이상 회생할 수 없다고 했다. 과거에 보여준 그들의 권세를 생각하면 당연한 귀결인지도 모른다.

그런데 동도교회는 하나님의 은혜로 살아났다. 하나님의 은혜로 든든히 서 있다. 좁은 길을 말씀과 성령을 의지하며 믿음으로 걸었더니 영전에서의 승리가 임했다. 온 교우가 예수님 사랑, 교회 사랑으로 한 마음 된 결과였다. 우리는 교단을 탈퇴할 때 정말 돌아올 수 없는 강을 건넜다. 그리고 모든 것을 포기했다. 죽기를 각오하고 믿음으로 결단하여 강을 건넜다(요 12:25). 교단 탈퇴라는 초강수를 두었다. 이것은 믿음의 선택이었다. 죽으면 죽으리라는 결단이었다. 그러나 하나님의 특별한 섭리와 예정 속에 동도교회는 다시 신앙의 고향으로 돌아왔다. 부활했다. 모든 것이 하나님의 은혜였다. 온 교우들의 예수님 사랑과 교회 사랑으로 인한 단합된 힘과 하나 됨의 결과였다.

●3부●
구레네 시몬

예수 그리스도로부터 교회의 대표자로 임명 받은 담임목사는
영광과 함께 고난도 받는다. 이것이 목회자의 길이다. 담임목사는
법적으로 교회의 대표다. 모든 일에 교회를 책임진다. 그래서 교회의
십자가는 담임목회자의 몫이다. 좋은 일이든, 싫은 일이든 모든
책임은 교회의 대표인 담임목사가 진다. 담임목사는 구레네 사람
시몬과 같다. 예수님의 십자가를 대신 지고 가는 사람이다(막 15:21).
하나님께서 주님이 지고 가야 할 교회의 십자가를 내게 지워주신
것이다. 영광스러웠다. 힘겹지만 순종했다. 주님을 본받으려고 애썼다.
동도교회의 구레네 시몬이 되어 주님께서 지워주신 십자가를 지고
아프고 힘들었지만 묵묵히 지고 따랐다.

21
아, 목회가 이런 것

합의가 이루어진 2015년 7월 23일 늦은 밤 집으로 돌아왔다. 휴대폰에 축하 문자가 많이 와 있었다. 오전부터 총회사무실에서 총회 분립위원들의 중재로 양측이 만났다. 협상까지는 난항이 많았다. 몇 차례 고비도 있었다. 그렇지만 인내하면서 협상에 임했고 마침내 다섯 시간의 마라톤협상 끝에 최종 합의에 도달했다. 동도교회에 관한 모든 사안을 최종 합의하고 변호사 사무실에서 양측 대표가 공증까지 마쳤다. 총회회관에서 공증사무실로 가는 도중 갑자기 비가 내렸다. 단비였다. 하지만 아쉬움과 안타까움도 있었다.

'끝까지 갈 걸!'

하지만 그 안타까움도 잠시, 잘 했다 싶었다. 만 3년간 지루하게 끌던 교회 현안이 종결되었으니 너무나 감사했다. 발걸음은 한결 가벼웠다. 화목이 가장 소중하다(잠 17:1). 그래서 합의했다. 교회 분쟁은 빨리 종결하는 것이 좋다. 좀 손해를 보더라도 속히 종결하는 것이 최상이다. 갑자기 내린 비로 손에 들고 가던 신문지를 우산 삼아 걸었다. 비를 맞아도 마음은 참 편했다. 실로 오랜만에 느껴보는 단비였다. 모든 업무를 마치고 곧바로 교회로 향했다.

동도교회 문제가 극적으로 타결되었다는 소식은 기독 인터넷신문을 타고 삽시간에 퍼졌다. 저녁에 임시당회를 개최했다. 당회원 모두가 감격과 기쁨을 나누었다. 그동안 배후에서 돕고 기도해주신 노회 목사님들도 몇 분 함께 하셨다.

모든 일을 마치고 밤늦게 귀가한 나에게 아내가 물었다.

"어떻게 되었어요? 잘 마쳤어요?"

"그래요. 이제 다 끝난 거예요."

"합의금은 주기로 했나요?"

"그래요, 주기로 했어요. 교회 개척지원금으로 주기로 했어요."

"분해요. 왜 그 돈을 주려고 해요?"

"나도 그렇게 생각해요. 하지만 어떻게 하겠어요? 그 분들도 잘 되어야죠! 교회가 또 하나 세워지면 하나님께서 영광 받으시잖아요. 그 분들도 잘 되어야지요. 어쨌든 이렇게 빨리 종결되었으니 감사합시다. 당신도 고생 많았어요."

잠을 청했으나 잘 오질 않았다. 아내도 마찬가지였다. 만감이 교차했다. 이 때가 동도교회에 부임한 지 햇수로 6년째였다. 부임 후 5개월 만에 갈등의 바람이 불기 시작했다. 이후 점점 강해지더니 2012년 10월부터 폭풍우로 변했다. 새로 부임한 담임목사를 본격적으로 흔들기 시작했다. 그 동안 당회의 주도권을 지고 있던 특정인이 새로 부임한 젊은 목사가 자신의 말을 듣지 않는다는 이유로 마구 흔들기 시작했던 것이다.

지교회의 담임목사는 하나님의 종으로 주님 대신 교회를 섬기고 목회하라고 소명을 받고 파송된 성직자다. 사람의 종으로 부름 받은 것이 아니라 하나님의 종으로 부름을 받았다(갈 1:10). 그렇게 위임을 받고, 위임목사가 되고, 교회의 대표자가 된 것이다.

누구보다 청빙에 앞장섰던 한두 분이 먼저 근거 없는 유언비어를 퍼뜨렸다. 참 바르고 순수한 분들인 줄 알았는데 참 어처구니가 없고 마음이 아팠다. 알고 보니 예의와 상식에서 벗어난 분들이었다. 참 많이 참고 설득했다. 그러나 그 인내와 설득도 한계점에 도달했다. 청빙 서류가 거짓이라고, 미국에서 정당하게 받은 건강진단서를 위조라고, 예전에 섬기던 교회에서 쫓겨났다고, 미국에서 개척교회를 하다가 실패한 것을 청빙위원들에게 속였다고 주장했다. 또 미국에서부터 정신질환약을 복용했다고, 동도교회 부임 이후로 음란퇴폐업소를 출입했다고, 청빙 후 매일 새벽기도회를 인도한다던 약속을 위반했다고, 마구잡이로 유언비어를 퍼뜨렸다. 그렇게 목회자를 대적했다.

이 뿐만이 아니다. 설교가 저질이고, 재정이 바닥났다고, 주일성수도 하지 않는다고, 교인 수가 불어났는데도 오히려 현저히 격감했다고, 차마 입에 담을 수 없는 거짓과 유언비어를 마구잡이로 퍼뜨렸다. 주일학교 학생들에게까지 담임목사에 대한 유언비어를 퍼뜨렸다. 참 어이가 없고 황당했다. '아, 이런 것이 목회인가?' 싶었다. 비방과 험담은 이것으로 끝나지 않았다.

2011년 초부터 주일강단에서 느헤미야 강해설교를 시작했다. 그랬더니 이제는 그 많은 성경 중에 느헤미야 밖에 모르냐고 비방하기 시작했다. 문자로, 이메일로, 전화로 정말 다양한 방법으로 목회를 방해하기 시작했다. 똑바로 하라고. 이렇게 목회하면 안 된다고. 참 힘들었다.

당시는 한국 생활과 교회 생활 적응하기도 어려웠다. 한국 생활에 적응하기 힘든 세 자녀를 달래는 것도 힘겨웠다. 그런데 이런 일까지 겹치니 하루도 편히 쉴 수 없었다. 하루하루가 천근만근 무거웠다. 유일한 위로가 새벽에 강단에 엎드려 기도하고 성경 보는 것이었다. 기도하면서 실컷 울고, 목양실에서 성경을 읽고 나면 하루를 버틸 위로와 힘을 공급받을 수 있었다. 그렇게 하루하루를 말씀과 기도의 힘으로 버텼다. 하늘의 위로로 버텼다.

나를 이 곳으로 보내신 그 분께 모든 것을 토했다. 그 분의 도움을 간절히 요청하는 수밖에 없었다. 이것이 목회의 여정인데, 어떻게 하겠는가! 도가 지나치자 아내와 기도하면서 사임서를 써서 호주머니에 넣고 다녔다. 혹 우리 때문에 교회가 더 큰 어려움과 곤경에 처하게 되면 뒤돌아보지 말고 사임하기로 마음먹었다. 절대 사람을 기쁘게 하는 목회, 사람의 종이 되는 목회는 하지 말라고 다짐하고 또 다짐했다(갈 1:10).

22
찬양의 힘

부임 후 첫 주일 설교를 마치고 강단에서 내려오자 몇 분이 눈물까지 훔치며 설교에 은혜 받았다고 했다. 그런데 이 분들로부터 유언비어가 시작되었다. 그래서 더욱 마음이 아팠다. 도대체 무엇을 그렇게 잘못했기에 험담하고 비난을 하는지 이해가 가지 않았다. 참담하고 암울했다.

악의적이고 근거 없는 유언비어와 비방에 우리 부부는 깊은 상처를 입었다. 평생에 이런 일은 처음이었다. 담임목회자의 자리가 이토록 힘들고 어려운 자리인지 전혀 몰랐다. 내 능력의 한계를 뼈 속 깊이 느꼈다. 여리고로 내려가다가 강도 만난 자와 같은 심정이었다. 그렇게 쓰러져 가고 있었다. 시카고에서 이런 황당한 일을 당하리라고는 전혀 상상하지 못했다.

행복한 목회가 될 것으로 예상했다. 정말 행복한 목회를 하고 싶었다. 꿈과 희망과 행복을 주는 교회를 꿈꾸고, 또 그런 목회를 기대하면서 태평양을 건넜다. 그렇게 믿음의 모험으로 다시 서울로 왔다. 그런데 그 꿈이 무참히 깨어지나 싶었다. 그래도 이런 것이 목회인가 싶어 주님만 생각하며 참았다. 죽이 되던 밥이 되던 참을 때까지 참아보자고 다짐했다. 예전에 힘든 시간 통과할 때처럼 말씀을 붙잡았다. 기도하고 찬양했다. 찬양은 고난을 통과하는 큰 위로와 힘을 주었다. 이 때 〈주 품에〉를 참 많이 불렀다. 뉴저지와 시카고를 통과하면서 참 많이도 불렀던 곡이다. 또 〈내 이름 아시죠〉도 참 많이 불렀다. 찬양을 통해 날마다 성령의 위로를 받고 주님의 따뜻한 품속에 안겼다. 그 은혜와 위로로 고달픈 목회의 여정을 하루하루 견디며 지냈다.

'주 품에 안으소서 능력의 팔로 덮으소서

거친 파도 날 향해 와도 주와 함께 날아 오르리

폭풍 가운데 나의 영혼 잠잠하게 주를 보리라

주님 안에 나 거하리 주 능력 나 잠잠히 믿네

거친 파도 날 향해 와도 주와 함께 날아 오르리

폭풍 가운데 나의 영혼 잠잠하게 주를 보리라'

'나를 지으신 주님 내 안에 계셔

처음부터 내 삶은 그의 손에 있었죠

내 이름 아시죠 내 모든 생각도

내 흐르는 눈물 그가 닦아 주셨죠

내 이름 아시죠 내 모든 생각도

아바라 부를 때 그가 들으시죠

그는 내 아버지 난 그의 소유

내가 어딜 가든지 늘 떠나지 않죠

내 이름 아시죠 내 모든 생각도

아바라 부를 때 그가 들으시죠'

시카고 미시간 호숫가에서 참 많이도 불렀다. 힘겹고 답답할 때마다 이 찬양을 수도 없이 불렀다. 목이 터져라 불렀다. 한겨울 호숫가가 얼어붙은 때에도, 강풍이 불 때도, 눈보라를 맞으면서도 자주 나가 많이도 불렀다. 이른 아침에도 호숫가에서 찬바람을 맞으면서 목이 터져라 참으로 많이도 불렀다. 그런데 이 찬양을 서울에서 또 다시 부르게 될 줄이야.

찬양은 언제나 힘이 되고 위로가 되었다. 고난의 터널을 통과할 때마다 찬양은 힘과 용기와 위로를 주었다. 찬양의 힘은 실로 위대하다. 그래서 다윗이 고난 중에 그렇게 찬양을 많이 불렀나 보다. 바울과 실라도 한밤중 감옥에서 그렇게 찬양을 불렀나 보다. 찬양이 시작될 때 정말 놀라운 일이 일어난다. 무엇보다 성령 충만해지고, 얽매인 심령의 모든 사슬이 풀어진다(행 16:25-26).

어떤 이는 말한다. 시카고의 혹한을 잘 견딘 목회자는 시카고를 떠나 어디를 가든지 목회를 잘 할 수 있다고. 그렇게 사람들은 시카고를 목회자의 무덤이라 불렀다. 참 목회하기 쉽지 않은 곳이 시카고다. 짐작해 보건대 하나님의 시간표에 시카고의 연단이 계획되어 있었던 것 같다. 시카고에서 6년간 믿음의 단련과 연단을 받았다. 하나님께서는 장차 있을 동도교회의 시련을 예견하셨던 것이다. 그러니 연단은 축복으로 가는 지름길이다.

〈주가 보이신 생명의 길〉도 참 많이 불렀다. 무엇보다 연단과 기다림의 시간 동안 많이 부른 곡이다. 특히 욥기 23장 10절과 같은 가사인 후렴 부분은 참 많이도 불렀다.

'나의 길 오직 그가 아시나니
나를 단련 하신 후에 내가 정금 같이 나오리다.
나의 길 오직 그가 아시나니
나를 단련하신 후에 내가 정금 같이 나오리다.'

불순물로 가득 찬 나를 하나님께서 또 다른 연단의 장소, 시카고 에서 단련하신 것이다. 아무것도 할 수 없던 막막했던 어느 해, 1년 간 시카고 윌링에 소재한 한인제일연합교회 새벽기도회에 매일 참 석했다. 교인들이 다 나가고 나면 혼자 남아 예배당 바닥에 앉아서 이 찬양을 목이 터져라 불렀다. 그렇게 많이 불렀다. 부를 때마다 은혜가 되고 위로가 되었다. 꿈도 생기고 믿음도 생겼다. 곡도 곡이 지만 가사가 너무 좋고 은혜가 되었다. 하나님의 말씀이라 그랬을 것이다. 믿음과 소망의 가사였다. 욥의 신앙고백적 가사가 지친 나 를 매일 일으켜 세웠다(욥 24:16). 정말 여호와를 가까이 하는 것이 힘이고 복인 것을 체험했다(시 73:28).

고난 중에 부르는 찬양의 힘은 위대하다. 고난 중에 찬양하면 힘 이 나고 용기가 생긴다. 믿음 충만, 용기 충만, 소망 충만, 성령 충 만해진다. 믿음의 거인들이 모두 다 고난 중에 찬양했다. 특히 다윗 이 그랬다. 누구보다 많이 찬양했다. 다윗은 찬양의 사람이었다. 사 도 바울도 그랬다. 찬양하면 두려움이 사라지고 믿음이 생긴다. 용 기도 생기고 기쁨이 샘솟는다. 무엇보다 성령 충만해진다. 성령으 로 충만하면 담대하여 고난을 잘 통과하게 된다. 이것이 찬양의 신 비요, 능력이요, 힘이다.

찬양은 또한 하나님의 능력과 은혜를 덧입는 통로다. 찬양하면 하나님의 임재로 충만해진다. 지금도 힘겨운 시간이 닥쳐올 때면 찬양을 많이 부른다. 목소리 높여 찬양한다. 마음으로 기도하며 찬양한다. 조용히 읊조리며 찬양한다. 또 다른 은혜가 넘치는 새 찬양을 찾고 듣고 부른다. 확실히 성령의 기름 부으심이 있는 찬양이 있다.

찬양은 사망의 음침한 골짜기를 통과하는 나를 쉴 만한 물가, 푸른 초장으로 인도했다. 평안과 안식을 제공했다. 그렇게 매일 새벽기도회 후에 찬양을 많이 불렀다. 여호와께서는 노래와 찬양이 시작될 때 역사하신다(대하 20:22). 한밤중에 바울과 실라가 감옥에서 찬양했더니 옥터가 흔들리고 옥문이 열리는 역사가 일어났다(행 16:25, 26). 힘겨운 시간, 찬양의 힘과 능력을 통해서 은혜의 체험을 했다. 그렇게 찬양의 힘과 능력으로 고난의 시간을 잘 통과할 수 있었다.

살다 보면 별 일을 다 만난다. 광야의 여정, 폭풍의 여정은 언제나 우리 곁에 있다. 잔잔하고 평안한 바다에 언제 폭풍이 불지 모른다. 한치 앞을 내다볼 수 없는 칠흑 같은 여정이 우리네의 삶이다. 내일 무슨 일이 일어날지 그 누구도 예상할 수 없다(잠 27:1). 삶은 예측 불허다. 언제 폭풍이 닥치고, 맹수가 달려들지, 누구도 예측할 수 없다. 그럴 때 찬양을 부르면 두려움과 염려가 사라지고 용기와 평안이 찾아온다. 기쁨도 생기고 믿음도 생긴다. 은혜로 충만해진다. 어두운 그림자는 사라지고 심령에 빛이 임한다. 그리스도의 빛이다. 그렇게 어둠이 사라지면 길이 보인다. 그 길을 따라가면 된다. 이것이 믿음의 여정이요, 신앙의 여정이다.

찬양은 이렇게 삶의 일부가 되었다. 하루도 찬양을 쉬지 않는다.

찬양은 삶이요 생활이다. 그렇게 찬양의 힘과 능력을 체험하며 거친 폭풍과 음침한 골짜기를 통과했다. 거친 광야 여정을 통과했다. 그랬더니 성령께서 엘림의 오아시스로 인도하셨다(출 15:27). 이 곳에서 물 한 모금 마시고, 한 숨 쉬고, 힘을 내어 또 다시 광야 여정을 걸었다. 그렇게 가나안에 입성했다. 정말 찬양의 힘과 능력은 위대하고 영원하다. 그래서 호흡이 있는 자마다 창조주 여호와 하나님, 구원자 여호와 하나님을 찬양해야 한다(시 150:6).

23
구레네 시몬

　드디어 지루한 교회 분쟁이 종결되었다. 하나님께 너무 감사했다. 하지만 마음 한 구석에 허탈감과 아쉬움도 남았다. 너무 양보한 것 같았다. 개인적으로 생각하면 가슴이 미어졌다. 정신병자에다, 이단으로 재판까지 받고, 게다가 목사에게 사형선고라고 하는 면직까지 받았다. 그러나 이 아픔과 상처에 대한 어떤 보상보다 교회의 평안과 안정이 더 귀했다. 교회의 평안과 화목을 위해 통 큰 양보를 했다. 믿음의 눈으로 멀리 보았다(히 11:1).

　예수 그리스도로부터 교회의 대표자로 임명 받은 담임목사는 영광과 함께 고난도 받는다. 이것이 목회자의 길이다. 담임목사는 법적으로 교회의 대표이다. 모든 일에 교회를 책임진다. 그래서 교회의 십자가는 담임목회자의 몫이다. 좋은 일이든, 싫은 일이든 모든 책임은 교회의 대표자인 담임목사가 진다. 담임목사는 구레네 사람 시몬과 같다. 예수님의 십자가를 대신 지고 가는 사람이다(막 15:21). 하나님께서 주님이 지고 가야 할 교회의 십자가를 내게 지워주신 것이다. 영광스러웠다. 힘겹지만 순종했다. 주님을 본받으려고 애썼다. 동도교회의 구레네 시몬이 되어 주님께서 지워주신 십자가를 지고 아프고 힘들었지만 묵묵히 지고 따랐다.

부목사 시절이었다. 한번은 작고하신 옥한흠 목사님과 목양실에서 담소를 나누는데 이런 말씀을 하셨다. "옥 목사, 내가 여기까지 오는데 얼마나 힘들었는지 아니?" 그 땐 이 말씀이 무엇을 의미하는지 잘 몰랐다. 피부로 와 닿지 않았다. 그렇게 대단하신 목사님께 그렇게 많은 어려움이 있었으리라고는 상상도 하지 못했다. 모두가 목사님의 카리스마와 권위에 절대 순종하는 줄로만 알았다.

세월이 많이 흘러 담임목사가 되었다. 목회가 힘든 것을 뼈저리게 느낀다. 이제야 그 때 그 목사님의 말씀이 무엇을 의미하는지 조금씩 알 것 같다. 고난 없는 목회는 존재하지 않는다. 이제 목회가 무엇인지 조금은 알 것 같다. 목회는 예수님 대신 교회의 십자가를 지고 가는 여정이다. 죽기 위해 골짜기로 내려가는 것이 목회다. 그러기에 목회자는 십자가의 주님처럼 인내하며 소망 중에 걸어야 한다. 고난과 영광의 교차점이 목회다. 그러기에 '죽으면 죽으리라'는 일사각오의 정신으로 가야 한다. 그리고 종착역의 소망과 보람도 잊지 말아야 한다.

무엇보다 자기 안의 정욕과 탐심을 날마다 십자가에 못 박아야 한다. 십자가를 지고 죽으러 가는 것이 목회다. 그래서 어느 목사님은 목회를 '별세'라고 했다. 세상과의 이별이다. 내 안의 욕심과 이별이다. "나는 날마다 죽노라"(고전 15:31) 고백했던 위대한 목회자 사도 바울도 날마다 자아를 십자가에 못 박았다. 자아를 죽이고 늘 별세했다. 힘들었지만 나도 사도 바울의 본을 따라가려고 안간힘을 썼다. 별세했다. 그랬더니 살았다. 죽고자 했더니 산 것이다(요 12:24). 십자가의 고난을 통과하여 부활의 영광으로 나갔다. 육을 죽이니 영이 살아났다(롬 8:6). 선으로 악을 죽이니 선으로 살아났다.

목회 여정의 부활과 영광은 고난의 십자가를 통과하는 자에게 부어주시는 하나님의 선물이다. 고난 없는 부활이 없고, 영광도 없다. 고난은 영광과 부활의 신호탄이요 전주곡이다. 목회자는 늘 부활 소망과 일사각오의 십자가 정신으로 구레네 시몬이 되어 걸어야 한다. 그렇게 교회의 십자가를 지고 주님을 따라야 한다. 하나님의 종으로 충성되이 나를 선택하신 그 은혜 때문에 목회자는 교회의 십자가를 영광스럽게 지고 가야 한다(딤전 1:12).

힘든 시간을 통과하는 동안 누구보다 연로하신 아버지 생각이 많이 났다. 아버지는 교회의 십자가를 영광스럽게 지셨다. 평생 가난하고 힘겨운 농막 촌 목회의 현장에서 가난과 상처투성이로 얼룩진 사람들과 함께 일사각오의 믿음으로 목회에 정진하셨다. 오갈 데 없는 실패하고 가난했던 농막 촌에 사는 이들과 함께 주님의 십자가를 지고 사랑으로 목양하며 평생 목양지를 지키셨다. 그렇게 황무지를 장미꽃밭으로 가꾸었다. 더 나은 목회지인 여러 교회에서 청빙이 왔지만 그 모든 제안을 거부하고 성도들과 끝까지 함께 하셨다.

합의 후에 아들을 위해 누구보다 많이 기도하고 계실 아버지께 전화를 드렸다. 연로하신 아버지는 무척 기뻐하셨다. 이제야 편히 잠을 잘 수 있겠다고 하셨다. 아버지의 쉼 없는 기도 덕분에 아들이 살아났다.

아버지는 나와 동도교회를 위해 매일 기도하셨다. 끊임없이 기도하셨다. 몇 해 전 위암 수술을 받고 몸무게가 20킬로그램이나 빠졌다. 그 후 몸이 많이 쇠약해지셨다. 그 허약한 몸으로 무려 6개월 동안 하루도 빠짐없이 밤 12시에서 새벽 6시까지 동네 교회에서 밤을 지새우며 기도하셨다. 아들이 말려도 간절히 아들과 섬기는 교회를 위하여 기도하셨다. 목회하실 때도 누구보다 기도를 많이 하셨다.

정말 아버지는 기도의 사람이었다. 밤새 기도하는 분이셨다. 산에서 들에서 바닷가에서 새벽 강단에 엎드려 언제나 기도하는 분이셨다. 평생 기도의 무릎으로 사셨다. 특히 어렵고 힘든 일이 있을 때마다 강단에 엎드려 사셨다. 새벽과 깊은 밤, 낮 가릴 것 없이 기도에 매진하셨다. 그렇게 기도와 말씀 목회로 농막 촌이라는 척박한 땅에서 나름 성공적 목회를 일구셨다. 나이 들어서도 아들과 섬기는 교회를 위해 기도하시다가 병원 응급실에 실려 가신 적이 한두 번이 아니었다. 그렇게 아버지는 은퇴 이후 남은 생명까지 목사인 아들과 아들이 섬기는 교회를 위해 끊임없이 기도의 향불을 매일 피우셨다(계 8:3-5). 아버지는 아들과 섬기는 교회를 위해 기도하다가 죽어도 여한이 없다는 말씀을 자주하셨다. 이렇게 아버지의 기도가 아들을 살렸다. 기도하는 아버지 때문에 아들은 죽지 않고 살 수 있었다.

여태껏 교회 분쟁이 종식되지 않았다면 어떻게 되었을까? 앞이 캄캄하다. 누구보다 아버지가 힘겨운 시간을 보내셨을 것이다. 이래저래 감사할 것뿐이다. 아들의 목회가 평안하니, 아버지도 평안하게 되었다.

24
감정 다스리기

아버지는 언제나 아들의 멘토였다. 목회 경험이 부족하여 어려움이 닥칠 때마다 아버지에게 조언을 구했다. 그럴 때마다 오랜 목회의 경륜에서 나오는 탁월한 지혜를 주셨다. 이런 좋은 아버지를 주신 하나님께 늘 감사드렸다.

아버지는 아들에게 항상 온유하라고 권면하셨다. 온유한 자가 이기고, 땅을 차지하게 될 것이라고 하셨다(마 5:5). 이 말씀을 참 많이 하셨다. 영전을 치르는 동안 온유해지는 일은 결코 쉽지 않다. 화를 돋우는 대적자들 앞에서 온유해진다는 것이 말처럼 쉽지 않다. 나를 죽여야만 가능한 일이다. 정말 힘든 일이다. 그러나 성령과 말씀으로는 가능하다. 그래서 언제나 말씀과 기도생활에 전력하며 온유하려고 애썼다. 온유한 자가 승리하고 땅을 차지하게 될 것이라 믿었다(마 5:10).

교회 분쟁을 통해 온유라는 값진 성령의 열매를 얻었다(갈 5:23). 고난을 통과한 후에 더 온유한 사람으로 빚어졌다. 자신감과 혈기로 왕성했던 모세는 미디안 광야의 고난을 통과한 후에 지면에서 가장 온유한 사람으로 빚어졌다. 교회 지도자가 겪는 고난은 더 온유한 사람으로 빚기 위한 하나님의 섭리다. 낮추고 겸손하고 온유하게 하여 축복의 통로로 만들려고 교회와 목회자에게 고난을 주신다. 이 시련과 고난을 잘 참고 견디면 온유한 사람으로 거듭난다. 그렇게 온유한 사람으로 거듭나면 이삭처럼 축복을 받는다. 우물이 터지는 축복도 받고, 땅의 축복도 받는다. 백 배의 소출을 얻는 축복도 받는다(창 26:12-13). 창대하고 왕성해지고 거부가 되는 축복도 받는다. 영광의 목회를 경험하게 된다. 그러기에 고난은 언제나 축복의 전주곡이요 예고편이다.

고난은 무엇보다 인생을 성숙하게 만들고, 온유하게 만든다. 고통이 명품을 만든다. 하나님은 고난 중에 다듬어진 온유한 자를 귀하게 사용하신다. 예수님은 누구보다 온유하고 겸손하셨다(마 11:29). 교회 분쟁 중에도 그렇게 주님의 온유를 닮으려고 애썼다. 고난은 인생을 온유하게 만들고, 겸손하게 만든다. 무엇보다 목회를 대적하는 분들 앞에서 설교하는 것이 힘들었다. 그렇다고 주일마다 설교를 하지 않을 수 없다. 끓어오르는 분노를 통제한 후에 주일 강단에 올랐다. 설교 내용과 전달보다 화를 식히고, 마음을 통제하는 것이 급선무였다. 그렇게 온유함으로 강단에 올라야 했다.

설교 준비하면서 온유와 심령의 평안을 위해 기도를 많이 했다. 사람의 성내는 것은 하나님의 의를 드러내지 못한다(약 1:20). 화는 재앙을 만들고 망하게 만든다. 분노는 불이다. 모든 것을 불사른다(약 3:5). 분노로 설교하면 설교자도 다치고 청중도 다친다. 분노를 반드시 삭여야 한다. 분노를 삭이는 데는 기도와 말씀과 찬양보다 더 좋은 치료제가 없다(딤전 4:5). 또 분노를 삭이기 위해 무엇보다 많이 걸었다. 청계천과 서울 도성을 많이도 걸었다. 집에서 광화문까지 또 서울 도성으로 수시로 걸었다. 온전히 성령께서 나를 다스리도록 설교 전에는 늘 금식했다. 그렇게 내 안의 자아가 죽으니까 성령께서 역사하셨다.

설교자는 무엇보다 감정 조절을 잘 해야 한다. 항상 좋은 영적 컨디션을 유지해야 한다. 그리고 강단에 올라야 한다. 투수가 마운드에 오르는 것과 흡사하다. 컨디션 조절이 승패의 관건이다. 내면을 잘 조절해야 한다. 자기감정 하나 다스리지 못하고는 좋은 설교자가 될 수 없다. 기도로 목회자를 치고 사나운 얼굴로 흘겨봐도 절대 내색하지 말아야 한다. 고함을 치고, 손가락질을 하고, 욕을 해도 내색하지 말아야 한다. 멱살을 잡아도 내색하지 말아야 한다. 때리면 맞고, 물면 물려야 한다. 이것 역시 목회자가 감내해야 할 십자가다. 골고다로 올라가는 예수님이 얼마나 많은 수모와 수치 그리고 폭행과 폭언을 당했는지 모른다. 그리고 십자가에 못 박혀서까지 주님이 당하신 고난을 이루 말할 수 없다.

교회의 대표자이기에 주님 대신 욕을 받아야 한다. 모든 수모를 받아야 한다. 예수님과 사도 바울은 그 많은 방해와 수모 중에도 흔들림 없이 말씀을 전했다. 많은 바리새인들이 예수님이 설교할 때 얼마나 많은 비방을 했는지 모른다. 정말 예수님은 대단하다. 사도 바울도 예외가 아니다. 그가 설교할 때마다 언제나 유대인 방해꾼들이 있었지만 끄떡도 하지 않았다.

"그러므로 너는 허리를 동이고 일어나 내게 네게 명령한 바를 다 그들에게 말하라 그들 때문에 두려워하지 말라 네가 그들 앞에서 두려움을 당하지 않게 하리라 보라 내가 오늘 너를 그 땅과 유다 왕들과 그 지도자들과 그 제사장들과 그 땅 백성 앞에 견고한 성읍, 쇠기둥, 놋성벽이 되게 하였은즉 그들이 너를 치나 너를 이기지 못하리니 이는 내가 너와 함께 너를 구원할 것임이니라 여호와의 말이니라"(렘 1:17-19).

설교자는 예레미야 선지자처럼 담대히 말씀을 전해야 한다. 청중들이 돌을 던져도 말씀을 전할 수 있어야 한다. 힘들고 어려워도 설교자는 예수님 대신 강단에서 말씀을 선포하도록 명을 받은 자다. 그러기에 언제나 담대히 말씀을 전해야 한다. 그렇게 설교도 목숨을 걸고 하는 것이다.

설교자는 누구보다 상한 감정, 성난 감정, 괴로운 감정을 잘 다스려야 한다. 자기 안의 화를 다스리는 자는 성을 정복하는 용사와 장수보다 위대하다(잠 16:32). 그렇다. 설교자는 장수가 되어 강단에 올라야 한다. 성령과 말씀에 붙들려, 온유하고 겸손한 마음으로 강단에 서야 한다. 이것이 설교자에게 주어진 과제다. 설교 준비도 내용이 중요하지만 이보다 설교자의 영적 컨디션과 심령의 상태가 더 중요하다. 매 주일마다 최상의 컨디션으로 강단에 서야 한다. 그렇게 심령의 옥토로 무장하여 강단에 올라야 한다.

뒤돌아보면 모든 것이 하나님의 은혜이다. 설교자에 대한 유언비어와 비방이 난무했다. 목양실로 찾아와 윽박지르고, 고함치고, 위협했다. 다양한 괴롭힘을 당했다. 물면 물리고 때리면 맞았다. 그런데 감사한 것은 이런 상황 속에서도 평정심을 잃지 않았다는 것이다. 마음이 더 차분해지고 온유해졌다. 이상할 정도로 온유해지고 차분해졌다. 기적이다. 성령의 역사였다. '욱' 할 수도 있는 상황이 참 많았다. 화를 내면서 같이 맞받아치고 싶은 때도 많았다. 같이 화를 내고 싸우고 고함치고 싶은 때도 많았다. 그런데 그러지 않았다. 성령께서 심령을 붙잡고 계시는 것 같았다.

어느 날 목양실에서 대화 중에 특정인이 몰래 대화를 녹음하려했다. 아주 화를 돋운 후였다. 이때도 평정심을 잃지 않았다. 오히려 차분했다. 몰래 녹음하려다가 숨겨온 녹음기가 성경책에서 삐쳐 나왔다. 그분에게 "녹음하시려면 숨기지 마시고 당당하게 책상 위에 놓고 녹음하세요."라고 조용히 말했다. 성령께서 지혜를 주셨고 심령을 통제했다. 온 교우들의 기도 덕분이라 믿었다.

그렇다! 그리스도인은 모든 상황에서 성령의 통제를 받아야 한다. 은혜는 성령의 통제와 지배를 통해서 임한다. 성령의 인도를 받아야 의롭고 거룩하게 살 수 있다. 예수의 제자는 성령을 통해 거룩하고 의로운 통제를 받아야 한다. 성령의 통치 없이는 결코 바른 신앙생활 할 수 없다. 육의 생각을 통제할 수 없다. 이에 사도 바울은 로마서 8장에서 성령의 다스림과 충만함을 강조했다. 예수의 제자는 오직 성령으로 살고(갈 5:25), 오직 성령으로 충만 받아 살아야 한다(엡 5:18). 그래야 하나님의 온전한 뜻을 이룰 수 있다(롬 12:2). 속사람이 변하고 강건해져야 영전에서 승리할 수 있다(엡 3:16). 승리하는 신앙생활, 열매 맺는 신앙생활을 할 수 있다. 그렇게 신앙생활은 성령님과 동행하는 것이다.

성내면 지는 것이고, 참으면 이긴다(잠 16:32). 성경 잠언의 지혜다. 하나님께서 모세를 이스라엘의 지도자로 부르시기 전에 지면 위에서 가장 온유한 사람으로 연단하셨다. 모세는 바보가 되었다. 미디안 광야, 고난의 풀무에서 온유한 사람으로 빚어졌다. 무려 40

년의 기간이 필요했다. 온유는 고난을 통과해야 만들어진다. 그렇게 시간이 필요하다.

하나님께서는 모세가 지도자로 세워지면 노예근성으로 가득 찬 완악한 이스라엘 백성들 때문에 화낼 일이 많을 것을 예견하신 것이다. 원래 모세는 화를 잘 내고, 다혈질에다 혈기 왕성하고, 교만하며, 자기 마음대로 해야 직성이 풀리는 거친 성품의 소유자였다. 하나님은 모세가 겸손하고 온유해질 때까지 미디안 광야에 내동댕이치셨다. 그리고 무려 40년 동안이나 연단하셨다. 그의 인생 삼분의 이가 겸손과 온유에 대한 연단이었다. 애굽의 왕궁에서 40년, 미디안 광야에서 40년을 연단한 후에 모세는 온유한 사람으로 빚어졌다. 그제야 출애굽의 지도자로 부름 받았다. 이후 40년간 가장 힘든 광야 목회를 감당했다. 성공적으로 감당했다. 200만 명 이상의 성도들을 잘 목양했다. 예수님처럼 겸손과 온유로 연단되지 못했다면 모세는 이 광야 목회를 하루도 감당할 수 없었을 것이다(마 11:29). 구약 광야 목회 이야기를 읽어보면 모세의 광야 목회가 얼마나 힘들었는지 알 수 있다.

분노와 혈기를 통제하는 온유가 없었다면, 모세는 출애굽의 대업을 달성하지 못했을 것이다. 온유함이 모세를 위대한 지도자로 만들었다. 진정한 힘과 능력은 절제에서 나온다. 모세는 온유의 사람으로 거듭나기 위해 인생의 삼분의 이인, 80년 세월을 연단 받았던 것이다. 이후 40년 이스라엘 광야교회를 성공적으로 목회할 수 있었다.

목회자뿐만 아니다. 인생은 모두 분노와 혈기를 다스려야 한다. 온유해져야 한다. 그래야 흥한다. 행복해진다. 온유는 행복과 성공의 기본이다. 온유 없이 축복을 기대할 수 없다. 온유하지 못하면 어떤 일도 해낼 수 없다. 자신의 감정 하나 다스리지 못하고 가정과 교회를 다스릴 수 없다. 성경 잠언은 자기 화를 다스리는 자가 성을 빼앗는 장수보다 위대하다고 했다(잠 16:32). '수신제가치국평천하' 라는 말은 진리다.

온유로 마음의 평정심을 유지할 수 있는 사람은 어딜 가나 인생과 신앙에 성공자가 될 수 있다. 심령의 수신(修身)을 위해서 매일 성경을 가까이하고, 기도에 매진해야 한다. 성령을 의지해야 한다. 하나님의 은혜가 분노와 혈기를 극복하고, 온유라는 수신(修身)에 성공하도록 부지런히 기도와 말씀을 연마해야 한다.

예수의 제자는 망령되고 허탄한 신화를 버리고 늘 경건에 이르기를 힘써야 한다(딤전 4:7). 인생에서 맞닥뜨리는 힘겨운 시간을 잘 통과하려면 늘 성령을 사모해야 한다. 성령의 사람으로 날마다 거듭나는 것이 영적 승리의 비책이다. 교회와 예수의 제자가 의지할 것은 오직 한 분 성령님이시다. 성령의 도움 없이는 아무것도 할 수 없다. 인생의 난제들이 우리 앞에 얼마나 많은가? 자고 일어나면 풀어야 할 난제들이 수북이 쌓인다. 그래서 예수의 제자는 항상 성령 충만을 구해야 한다. 말씀의 지혜를 구해야 한다. 이것이 예수 안에서 잘 되고 고난에서 승리하는 비결이다. 범사가 잘 되는 길이다. 성령 충만해야 한다. 그리고 말씀 충만해야 한다.

25
왜 저입니까?

예수님은 자기 십자가를 지고 자신을 부인하며 따르라고 하셨다(마 16:24). 정욕과 탐심을 십자가에 못 박고 주님을 따르라는 말씀이다. 자기 부인은 힘들다. 정욕과 탐심을 날마다 십자가에 못 박아야 하기 때문이다(갈 5:24). 자아를 죽여야 가능한 일이다. 그렇게 하려고 애썼다. 성령으로 심고 성령으로 행하려고 애를 썼다(갈 5:23).

목사는 날마다 자기를 부인하며 살아야 한다. 내 안에 역사하는 그리스도께서 일하시도록 자신을 내놓아야 한다. 주님이 서울로 다시 부른 큰 뜻을 깨달았다. 주님이 한적한 시카고 교외에 머물고 있는 나와 가족을 다시 서울로 부른 이유를 알 것만 같았다.

글을 쓰는 지금도 이 때를 추억하면 무척 행복해진다. 그렇게 시카고는 마음의 고향이다. 정이 들었다. 우리 가족의 피난처요 안식처였다. 쓰러진 나를 세운 회복과 치유의 장소였다. 바울의 다소였다(행 11:25). 섬기는 교회도 좋았다. 세 자녀가 대학에 들어갈 때까지 이 교회와 사택에서 지냈으면 하는 작은 바람도 가졌다. 어느 해

인가, 3년간 살았던 그 사택은 지금도 잊지 못한다. 그곳에서 아름다운 추억들도 많이 만들었다. 그렇게 시카고에서 오래 머물고 싶었다.

그러나 하나님의 계획은 달랐다. 자기 길을 계획할지라도 그 걸음을 인도하시는 분은 여호와시다(잠 16:9). 마음의 경영은 사람에게 있어도 말의 응답은 여호와께 있다(잠 16:1). 하나님의 섭리와 강권적인 인도하심으로 평생 한 번도 생각해 본 적이 없는 동도교회에 담임목사로 부름을 받았다. 아무도 아는 이가 없는 교회로 부임했다. 이것은 신비요, 은혜다. 하나님의 역사요 섭리였다. 내 삶의 여정 속에 나타난 주님의 역사요 간증이었다. 동도교회 초기 목회 기간 동안 고달파 한 동안 기도할 때마다 자주 주님께 물었다.

"왜 저입니까?"

그런데 이제야 깨닫는다. 죽으라고 보낸 것이다. 주님 대신 교회의 십자가를 지라고 보낸 것이다. 충성스럽게 여겨서 보낸 것이다. 주님의 십자가를 질 수 있다고 기대하며 보낸 것이다. 이렇게 믿으니 너무 감사하고 황송했다(딤전 1:12). 나 같이 보잘것없는 부족한 종을 주님께서 믿고 이곳으로 보내셨으니 고맙고 감사했다.

동도교회로 부임한 후, 얼마 되지 않아 교회에 뜻하지 않은 시련이 닥쳤다. 너무나 힘겨웠다. 다 내려놓고 미국으로 돌아가고 싶었다. 사임하고 싶은 마음도 생겼다. 시카고에서 행복했던 삶이 무척 그리웠다. 지고 가야 할 십자가는 무겁고 힘겹고 고달팠다. 매일이 내게는 태산을 넘는 험곡이었다. 이미 지탱할 수 있는 한계를 넘었다. 팽개치고 싶은 마음이 굴뚝같았다. 숨이 가빴다. 포기하고 싶었다. 그럴 때마다 십자가 지신 주님을 묵상했다. 십자가를 참으신 예수님만 바라보았다(히 12:2). 그렇게 새벽 강단에서 참 많이도 울었다.

새벽마다 주님의 눈동자와 마주치려고 기도로 발버둥을 쳤다. 여호와의 얼굴을 구했다(대상 16:10). 여호와의 능력을 구했다(대상 16:11). 그렇게 여호와를 구하니까 짐이 가벼워졌다. 마음이 평안해지고 기쁨이 찾아왔다. 믿음도 생겼다. 소망도 생겼다. 하루를 견딜 힘을 얻었다. '오늘 하루만 더 참아보자'는 믿음이 생겼다. 주님께서 나를 이곳에 보낸 뜻이 필시 있을 것이라 믿었다. 그렇게 믿음과 소망으로 버텼다. 그렇게 매일 새벽 강단에 엎드려 기도하자, 교회 사랑하는 마음이 생겼다. 주님 사랑이 곧 교회 사랑인 것을 더 깊이 깨달았다. 이 강단에서 죽자는 일사각오의 믿음도 생겼다. 동도교회가 곧 주님의 몸이라는 것을 깨달았다. 교회를 위해 죽는 것이 곧 주님을 위한 길임을 깨달았다. 영광스러운 죽음이라 생각되었다. 성령께서 주신 깨달음이요 마음이었다.

그렇게 성령께서 주시는 힘과 능력으로 버텼다. 주님께서 지워주신 교회의 십자가를 지고 주님을 따랐다. 믿음의 주요 온전하게 하시는 분인 예수님만 바라보았다. 어느새 짐이 가벼워졌다(마 11:28). 불평이 감사로 바뀌고, 회의와 의심이 확신으로 변했다. 한숨과 탄식이 찬양과 감사로 변했다. 강한 믿음의 사람으로 변모되어 갔다. 버틸 힘도 능력도 용기도 생겼다. 한 번 해보자는 굳센 마음도 생겼다. 십자가에서 신비한 은혜와 능력이 흘러내렸다. 십자가의 사랑과 위로, 성령의 능력과 용기로 힘겨운 시간을 그렇게 버텼다. 십자가의 은혜가 나를 인내하게 만들었다.

목회는 말씀과 기도의 능력을 힘입어 믿음으로 하루하루 인내하며 버티는 것이다. 끝까지 버티는 자가 목회에 승리한다. 인생에 승리한다. 주님이 주신 복이다. 그렇게 목양의 현장에서 믿음의 주요 온전하게 하시는 분, 십자가를 참으신 예수님만 바라보고 참고 인내했다. 그렇게 시련을 통과하니 뜻하지 않게 참을성과 인내심도 많이 자랐다. 영적인 맷집도 생겼다. 자신감도 생겼다. 역경 지수도 높아졌다.

인생은 전 과정이 훈련이고 연단이다. 연단을 통해 인생은 성화되고 성숙되어 간다. 그렇게 시련과 환란을 통해서 내 안에 계신 예수님의 성품을 더 닮아갔다. 성경 보는 눈도 깊어졌다. 설교도 깊어지고, 기도도 깊어 갔다. 설교 준비가 한결 편해지고 쉬워졌다. 순간순간 성령께서 영감을 주셨다. 본문을 정하는 데도 한결 쉽고 편했다. 말씀을 준비하는 시간도 행복했다. 매 주마다 주실 말씀이 기대가 되었다. 성령께서 이번 주일은 어떤 말씀으로 준비하게 하실지 기대가 되었다. 그렇게 목회와 인생의 성숙되어 갔다. "연은 순풍이 아니라 역풍에서 더 높이 난다."고 윈스턴 처칠은 말했다. 그렇게 역경 속에서 나는 더 높은 곳으로 날아갔다. 나를 죽이고 힘을 빼니, 성령께서 하늘의 힘을 불어넣어 주셨다. 주님께서 내 목회의 운전대를 잡고 친히 운전해 주셨다. 얼마나 감사하고 편하고 송구한지 모른다. 이것이 주재권(Lordship)이 주는 축복인가 싶었다.

26
골프 잘 치시죠?

　시카고에서 남자 제자훈련 반을 인도할 때였다. 어느 훈련생에게 대표 기도를 시켰다. 기도를 마치고 이 분이 하는 말이, 대표로 기도하는 것이 너무 힘들다며, 기도를 잘 할 수 있는 방법을 물었다.

"목사님, 어떻게 하면 기도를 잘 할 수 있습니까?"
"집사님, 골프 잘 치시죠?"
"네, 그렇습니다."
"집사님, 어떻게 하면 골프를 잘 칠 수 있습니까?"
"그야, 목사님. 먼저 힘을 빼야죠. 어깨에 힘을 빼야 합니다."
"집사님, 기도도 마찬가지입니다. 먼저 힘을 빼시면 됩니다. 힘 빼고 기도하시면 돼요."
"힘을 뺀다는 것이 무엇입니까?"
"성령을 의지하여 기도하는 것입니다."

　그랬더니 미소를 지으면서 고개를 끄덕였다. 십자가를 질 때도 마찬가지다. 내 힘으로 하려면 안 된다. 몇 걸음 못 가서 쓰러진다. 주님께서 공급해 주시는 힘이 내 안에 들어오도록 성령을 의지해야 한다.

먼저 내 안의 힘을 빼야 한다. 모든 힘을 빼야 한다. 자존심도 내려놓아야 한다. 주님 닮는 목회, 예수님께서 기뻐하는 제자훈련 목회를 하려면, 먼저 나를 죽이고 힘을 빼야 한다. 그래야 성령의 힘으로 목회할 수 있다. 힘든 고난의 시간을 통해서 이 비밀을 깨달았다. 이제 내 힘으로 할 수 있는 일이 없다. 의지할 분은 오직 성령뿐이다. 그래야 모든 것을 통달한다(잠 28:5). 그래서 늘 성령님을 의지한다. 성령께서 목회를 인도해 달라고 구한다. 성령님은 그리스도의 영, 예수의 영으로서 대목회자이시다. 그래서 매일 목회를 가르쳐 달라고 성령께 간구했다. 그렇게 목회는 성령님을 의지하며 하는 것이다. 그렇게 성령의 은혜와 도움을 구했다. 그랬더니 지혜가 생기고 목회에 감사가 넘치고 행복해지기 시작했다.

환란과 시련 중에 늘 성령을 의지했다. 성령님을 의지하며 믿음으로 걸었더니 잘 견딜 수 있었다. 성령께서 순간 지혜를 주시고 결국 승리를 주셨다. 그렇게 살아났다. 모두가 다 패할 것이라 했다. "옥 목사는 끝났다. 동도교회도 다 끝났다"고 주위 사람들은 말했다. 그런데 영전에서 살아났다. 그리고 여전히 이 교회에서 담임목사직을 감당하고 있다. 모든 것이 다 주님의 은혜다.

강단에 설 때마다 늘 이 은혜를 기억한다. 지금 이 자리, 이 강단에 서서 말씀을 전하고, 이 강단에서 기도하는 것이 주의 은혜다. 주의 은혜로 부족한 사람이 이 강단에서 설교를 하고 목회를 하고 있다. 언제나 두렵고 떨리는 심정으로 목회를 감당하고 있다. 하나님의 은혜와 십자가에서 멀어지지 않기 위해서 몸부림치고 있다(고전 10:12). 교만은 패망의 선봉이요 겸손은 존귀의 앞잡이다(잠 16:18). 이 말씀을 기억하며 조심하면서 늘 겸손히 목회하고 있다.

27
수술은 아파요

사람의 몸도 오래 사용하면 고장이 난다. 고장 나면 고치면 된다. 심령도 마찬가지다. 심령도 고장 나면 고치면 된다. 내 심령이 다 고침 받은 줄 알았는데 여전히 문제가 있는 것을 뉴저지와 시카고를 통과하면서 깨달았다. 고난의 시간을 통과하면서 심령의 심연을 보게 하셨다. 허상에 가려진 실상을 보았다. 문제를 직시했다. 실패와 좌절은 인간을 겸손하게 만든다. 자기반성과 성찰의 길로 인도한다. 그렇게 내면의 실상을 보게 만든다. 말씀 묵상과 기도로 심령을 정확히 진단했다. 성령께서 도우셨다. 뉴저지에서 하나님은 나를 세차게 쳐서 눕혔다. 수술대에 눕혔다. 그렇게 성령께서 말씀의 검으로 심령의 수술을 시작하신 것이다.

말씀과 기도로 심령의 진단이 나왔다. 무엇이 문제인지 깨달았다. 정확한 진단이 나왔으니 치료 받으면 된다. 성령께서 고장 난 심령을 고쳐주셨다. 그래서 뉴저지와 시카고를 잊지 못한다. 뉴저지는 넘어진 곳이요, 시카고는 세움 받은 곳이다. 뉴저지는 수술 받은 곳이요, 시카고는 회복된 곳이다. 이렇게 심령이 고침 받아 새롭게 빚어졌다. 뉴저지와 시카고는 미디안 광야였다(출 2:15).

　뉴저지와 시카고 광야에서 연단 받고, 고침 받아 새롭게 빚어졌다(렘 18:4). 그러자 주님은 사명과 함께 새 목회지로 인도하셨다. 그렇게 다시 서울로 왔다. 그 부르심의 현장이 동도교회다. 토기장이이신 여호와께서 깨어 부수고 새롭게 빚어 새 사람 만들어 서울로 보내셨다.

　교회도 마찬가지다. 고장 나면 여호와께서 수술하신다. 수술하여 새롭게 하신다. 고장 나면 빨리 고쳐야 한다. 악화되기 전에 고쳐야 한다. 그래야 새롭게 빚어진다. 이것이 영적 거듭남이요, 치유와 회복이다. 그렇게 하나님의 사랑을 독차지하던 이스라엘이 교만하여 중병에 들었다. 그러자 여호와께서 대 수술을 감행하셨다. 불같은 고난을 통과하게 하여 새롭게 빚으셨다.

　동도교회에 부임하여 교회를 진단했다. 성령께 정확히 진단케 해 달라고 도움을 구했다. 바른 목회를 위하여 먼저 교회를 진단해야 했다. 많은 것들이 보였다. 교회의 내부를 실사했다. 새롭게 해야 할 것들이 많았다. 교회의 규모에 비하여 느슨한 부분들이 많이 보였다. 전통과 명성에 가려진 어두운 부분도 있었다. 세속화된 것도 보였다. 말씀으로 개혁되어야 할 부분도 있었다. 혼자만의 생각이 아니었다. 교회 내 지도자 그룹도 같은 생각이었다. 그 동안 부족함 없이 안일하게 신앙생활 했다고 한다. 교회 중진과 지도자를 그룹별로 만나서 그분들의 이야기를 경청했다. 다들 느끼는 바가 비슷했다. 대다수가 변화를 갈망하며 개혁과 갱신을 원했다.

문제는 치료 방법이었다. 쉽지 않은 일이다. 큰 규모의 교회를 갑자기 방향을 바꾸고 개혁하려다간 더 큰 곤경에 처할 수도 있다. 하나님께 온전히 맡겼다. 때가 되면 직접 하실 것이라 믿었다. 내가 주도하려 하지 않았다. 기도만 했다. 그렇게 모든 것을 주님께 맡겼다(벧전 5:7). 성령께서 주도하시리라 믿었다. 하나님이 특별한 방법으로 고치실 것이라 믿었다(사 30:26). 교회를 새롭게 해달라고 새벽 제단에 엎드려 구하면서 목양에만 전념했다. 그런데 하나님은 아주 놀랍고 특별한 방법으로 교회의 영적 수술을 집도하셨다. 사람의 생각을 뛰어 넘는 아주 놀랍고 특별한 방법이었다.

"여호와의 말씀에 내 생각은 너희 생각과 다르며 내 길은 너희 길과 달라서 하늘이 땅보다 높음 같이 내 길은 너희 길보다 높으며 내 생각은 너희 생각보다 높으니라"(사 55:8-9).

이 영적 수술의 전 과정은 교우들에게 큰 아픔이었다. 사람이 받는 수술도 얼마나 아픈가! 하물며 큰 공동체가 준비도 안 된 상태에서 갑자기 큰 수술을 받았으니 그 고통을 이루 말할 수 없을 것이다. 몇 해 동안이나 수술을 받았다. 그 진통은 엄청났다. 마취의 단계가 없었다. 생살이 찢어지는 아픔과 고통을 감내해야 했다. 수술 비용도 꽤 많이 들었다. 이렇게 수술 받다가 모두가 죽는 것이 아닌가 하는 두려움도 생겼다. 그렇게 여호와께서 계획하신 그림대로 고통을 통과하면서 교회가 영적 대수술을 받았다.

그런데 감사한 것은 온 교우들이 수술을 잘 받았다는 것이다. 말씀과 기도로 하나 되고 믿음으로 하나 되어 영적 수술을 잘 참고 받았다. 십자가를 참으신 예수님을 생각하며 받았다. 생살이 찢어지는 아픔도 참았다. 암 덩어리가 뚝 떨어져 나가는 소리가 들렸다. 이 때가 가장 아팠다. 너무 아프고 고통스러워서 교회를 떠난 분들도 있었다. 안타깝지만 어쩔 수 없었다. 수술의 대가는 치러야 했다. 회복과 치유는 언제나 고통과 손실이 따른다.

대다수의 교우들은 예수님 사랑과 교회 사랑으로 하나가 되었다. 감사했다. 모일 때마다 성령을 의지하며 기도했다. 믿음과 소망 중에 잘 참고 견뎠다(살전 1:3). 말씀 붙잡고 잘 참고 견뎠다. 그랬더니 수술이 잘 마무리되어 회복되었다. 건강해지고 평안해지고 화목해졌다. 지금은 교회가 얼마나 평안하고 화목한지 모른다. 멀리서 교회를 쳐다만 봐도 은혜롭다고 한다. 예배당 의자에 앉기만 해도 은혜와 감사의 눈물이 흐른다. 수술이 필요할 땐 어떻게 해야 하는가? 받아야 한다. 고통을 참고 받아야 한다. 그래야 병이 낫고 회복된다. 더 건강하게 오래 살 수 있다.

지금도 여기저기 한국 교회 구석구석에서 고통 소리가 들린다. 수술 받는 소리다. 영적 수술 받는 교회들이 많다. 필요하니까, 하나님께서 수술하게 하시는 것이다. 교회를 사랑하는 주님의 마음이다. 이 징계와 수술을 잘 받으면 더 큰 축복을 받게 된다. 건강하고 거룩하고 화평한 교회로 거듭난다. 그렇기 때문에 영적 수술을 두려워할 필요가 없다. 오히려 감사해야 한다(살전 5:18). 그렇게 모든 것을 믿음의 눈으로 보면 모든 것이 감사고 축복이다(롬 8:28). 낙심할 필요도 없다. 교회가 더 잘되는 길이다. 의와 평강으로 가는 길이다. 화평과 거룩함의 길이다.

"또 아들들에게 권하는 것이 너희에게 권면하신 말씀도 잊었도다 일렀으되 내 아들아 주의 징계하심을 경히 여기지 말며 그에게 꾸지람을 받을 때에 낙심하지 말라 주께서 그 사랑하시는 자를 징계하시고 그가 받아들이시는 아들마다 채찍질하심이라 하였으니 너희가 참음은 징계를 받기 위함이라 하나님이 아들과 같이 너희를 대우하시나니 어찌 아버지가 징계하지 않는 아들이 있으리요 징계는 다 받는 것이거늘 너희에게 없으면 사생자요 친아들이 아니니라 또 우리 육신의 아버지가 우리를 징계하여도 공경하였거든 하물며 모든 영의 아버지께 더욱 복종하며 살려 하지 않겠느냐 그들은 잠시 자기의 뜻대로 우리를 징계하였거니와 오직 하나님은 우리의 유익을 위하여 그의 거룩하심에 참여하게 하시느니라 무릇 징계가 당시에는 즐거워 보이지 않고 슬퍼 보이나 그로 말미암아 연단 받은 자들은 의와 평강의 열매를 맺느니라 그러므로 피곤한 손과 연약한 무릎을 일으켜 세우고 너희 발을 위하여 곧은 길을 만들어 저는 다리로 하여금 어그러지지 않고 고침을 받게 하라 모든 사람과 더불어 화평함과 거룩함을 따르라 이것이 없이는 아무도 주를 보지 못하리라"(히 13:1-14).

28
방향을 돌리고

하나님께서 교회를 가장 사랑하신다. 교회는 그리스도의 몸이기 때문이다. 교회보다 영광스러운 공동체는 이 땅에 존재하지 않는다. 이렇게 주님이 교회를 사랑하시기 때문에 친히 수술을 집도하신다. 교회를 더 건강하게 세우려고 수술하신다. 이런 영적 대수술이 없었다면 교회는 더 큰 중병을 앓았을 것이다. 겉모습에 속고 살았을 것이다. 서서히 죽어갔을 것이다. 그러기에 영적 수술은 은혜요 감사다.

수술은 고통을 수반한다. 그러나 그 아픔과 고통을 잘 감내하면 필시 좋은 날이 온다. 찢어져야 고침 받고, 무너져야 세워진다. 바닥을 쳐야 올라간다. 묵은 땅은 기경되어야 열매가 맺힌다(호 10:12). 그래서 찬송가 535장 찬송을 좋아한다. 시카고에서 많이 불렀다. 새벽기도회 인도할 때마다 가장 많이 부른 찬송이다. 가사가 너무 좋다. 항상 힘이 되고, 소망이 되고, 위로가 되었다. 고난과 절망 가운데 있는 분들에게 이 찬송을 권하고 싶다. 반드시 좋은 날이 온다. 꿈은 이루어진다.

'어두운 후에 빛이 오며 바람 분 후에 잔잔하고
소나기 후에 햇빛 나며 수고한 후에 쉼이 있네
연약한 후에 강건하며 애통한 후에 위로 받고
눈물 난 후에 웃음 있고 씨 뿌린 후에 추수하네
괴로운 후에 평안하며 슬퍼한 후에 기쁨 있고
멀어진 후에 가까우며 고독한 후에 친구 있네
고통한 후에 기쁨 있고 십자가 후에 면류관과
숨이 진 후에 영생하니 이러한 도는 진리로다'

축복은 사모하며 기다리는 자에게 주어진다. 2009년 12월 중순 청빙을 위한 공동의회를 앞두고 동도교회에서 행한 설교가 기억난다. 이 산에 거주한 지 오래 되었으니 이제 모두 일어나 방향을 돌려 하나님께서 지시하신 땅으로 행진하자는 취지의 설교였다. 신명기 1장 1절에서 8절의 말씀을 주제로 한 설교였다. 솔개의 예화를 들었다. 솔개는 더 오랫동안 살고 또한 건강하게 거듭나기 위해 부리를 깨부수고, 털을 뽑고, 발톱을 뽑는다. 고통과 아픔을 견딘다. 그렇게 거듭난다.

교회도 마찬가지다. 편안하고 안일했던 자리에서 일어나 방향을 돌려야 한다. 새롭게 비상하려면 고통은 필수다. 고통 없이 얻을 수 있는 것이 세상에 많지 않다. 변화와 거듭남을 위해 고통은 필수다. 이런 결단과 모험 없이는 새롭게 빚어질 수 없다. 변화를 위한 고통의 시간을 잘 참고 견디면 새 시대가 도래할 것이라는 취지의 설교였다. 이 일을 위해 예수님만 바라보자고 했다. 그리고 몇 달 후에 담임목사 청빙을 위한 공동의회가 열렸다. 거의 만장일치로 통과되었다. 98.6%의 찬성표를 얻었다. 하나님의 은혜였다.

　2010년 10월 23일에 동도교회 예배당에서 위임식을 거행했다. 다음 날 첫 주일 설교를 통해서 예수님만 바라보고 나아가자고 설교했다. 〈왜 우리를 주목하느냐〉라는 제목 하에 사도행전 3장 1절에서 16절의 말씀으로 설교했다. 그리고 얼마 후 내 의지와는 상관없이 화살은 내 앞에 떨어졌다(삼상 20:37). 그러나 부임 5개월 후부터 참 힘든 시간이 시작되었다. 성령께서 집도하시는 영적 수술이 시작된 것이다. 교회가 하나님이 집도하는 수술대 위로 올라갔다. 모두가 고통스러웠다. 고통과 진통이 시작되었다. 상상하지 못한 일들이 하나씩 일어났다. 오랫동안 곪아 있던 상처 부위가 터지기 시작했다. 신음 소리와 아우성이 예배당에 가득 찼다.

　그렇게 성령께서 동도교회를 사랑하사 새롭게 빚으시려고 본격적인 영적 수술을 집도하신 날이 2011년 3월이었다고 생각된다. 그리고 2015년 7월 말에야 수술이 끝나고, 동년 10월 가을 정기노회에서 모든 것이 매듭이 되었다. 그러니 정확히 46개월 동안 수술이 진행되었던 것이다. 수술이 잘 끝난 것에 대해 모든 성도들이 하나님의 은혜요 기적이라고 했다. 서로 격려하고 축하했다. 더 놀랍고 감사한 것은 노회까지 수술 받아 분립된 것이다. 기적이 일어난 것이다. 정말 상상하지도 못한 일이 일어났다. 홍해가 갈라지는 기적과 같았다. 여호와께서 하시는 일은 언제나 신기하고 놀랍다. 모든 것이 합력하여 선을 이루시는 놀라운 하나님의 역사였다(롬 8:28). 이것 때문에 언제나 하나님을 의지한다. 절망 중에도, 실패 중에도, 고난 중에도 여호와 하나님을 의지한다.

29
병문졸속(兵聞拙速)

　무슨 일이든 마음이 편해야 한다(잠 17:22). 마음의 평안이 양약이며 즐거움이다. 휴가는 더욱 그렇다. 마음이 편해야지 휴가다운 휴가를 보낼 수 있다. 이렇게 2015년 여름에 부임한 후 처음으로 휴가다운 휴가를 보냈다. 휴가 중이던, 2015년 7월 13일 아침 기도 중에 시편 30편 말씀이 떠올랐다. "저녁에는 울음이 깃들일지라도 아침에는 기쁨이 오리로다"(시 30:5). 2014년 여름은 큰 슬픔이었다. 하지만 2015년 여름은 고요하고 평안했다. 감사했다. 그리고 말씀 속에서 확신이 들었다. '나의 부르짖음을 들으셨다'는 확신이다. 모든 교회 현안이 곧 끝나리라는 확신이었다. 놀랍고 신기한 것은 이 날 오후에 텔레비전을 시청하는데, 사자성구를 설명해주는 프로를 보게 되었다. 아나운서는 '병문졸속(兵聞拙速)'이란 사자성어를 설명했다. '전쟁은 졸렬하여도 빨리 끝내는 것이 좋다.' 전쟁은 가능한 한 빨리 끝나야 백성들이 맘 편히 살 수 있다는 말이 마음에 와 닿았다. 이에 교회 현안 종결에 대한 큰 확신이 생겼다. 이 받은 말씀 때문인지 열흘 후인 7월 23일 최종 합의에 도달했고, 교회 현안이 완전 종결되었다. 그렇게 꿈꾸고 기대하던 날이 찾아온 것이다(히 11:1).

항상 그랬다. 무슨 일이 생기면 늘 성경을 펴서 여호와께 묻고 또 물었다. 감동 주시는 말씀을 기록하고, 기대했다. 주관적으로 다가온 레마의 말씀도 소중히 여겼다. 자세히 기록해 두었다. 자칫 나의 지나친 주관으로 말씀을 오해할 수도 있기 때문에 꼼꼼하게 기록했다. 성령께서 언제나 감동된 말씀을 통해서 암시해 주시고, 지도해 주시고, 알려 주셨다. 어떤 때는 징조도 보여주셨다. 시카고에서 그랬듯이 서울에서도 그렇게 하셨다. 놀랍고 신기한 은혜였다. 궁금한 것을 성령께 물을 때마다 성령께서 말씀이 생각나게 하시고, 떠오르게 하셨다. 그렇게 성령께서 말씀으로 인도하셨다(시 119:105). 이런 간증과 은혜가 참 많다.

　성경은 언제나 목회와 인생 여정의 네비게이션이요 나침판이었다. 지나온 삶의 여정이 다 그랬다. 2013년 말에 믿음의 항해를 떠날 때도 감동된 말씀을 붙잡았다. 그 말씀을 따라갔다. 아브라함처럼 그렇게 말씀을 따라 안전한 포구를 떠났다(창 12:4). 큰 믿음을 기대하며 미련 없이 믿음의 항해를 떠났다. 저항할 수 없이 다가오는 말씀의 힘에 어쩔 수 없었다. 그렇게 성령께서 나와 가족을 안전한 포구에서 밀어내셨다. 깊은 바다로 밀어내셨다. 그렇게 말씀만 붙잡고 안전한 포구를 떠나 넓은 바다로 나갔다. 처음엔 굉장히 무섭고 두려웠다. 그러나 하나님의 선하신 뜻과 계획이 있음을 믿었다. 그 믿음을 놓치지 않기 위해 날마다 거룩의 몸부림을 쳤다. 말씀을 따라가는 믿음의 항해는 이렇듯 험난하다.

　언제나 믿음의 항해 중에 주의 말씀은 항상 내 발의 등이요 내 길의 빛이 되었다(시 119:105). 주의 말씀이 내가 가는 길을 비추지 않았다면 아마 어둠 속에서 완전 파선했을 것이다(시 119:50). 내 길의 등이요, 빛인 주의 말씀이 어두운 폭풍 속에서 여러 번 건졌다(시 119:92). 말씀을 의지하여 따라가는 길은 쉽지 않았다. 그래도 믿음으로 소망을 가지고 험난한 믿음의 항해를 빛 되신 말씀만 붙잡고 계속 항해했다. 고난 중에 말씀은 언제나 위로와 기쁨이었다(시 119:5).

이것이 내 인생과 신앙의 복기(復棋)이다. 평생 간증과 고백이다. 그렇기 때문에 자신 있게 말할 수 있다. 역경의 순간에도 말씀을 붙잡으라고. 어둠 중에도 말씀을 붙잡으라고. 흑암과 폭풍우의 항해 중에도 성경을 펴고 성령께 계속 물으라고. 그렇게 하면 반드시 말씀을 통한 성령의 인도하심을 받는다. 감동 된 말씀을 붙잡고, 그 말씀대로 순종하면 사망의 음침한 골짜기를 지나 푸른 초장과 쉴 만한 물가로 인도함을 받게 된다(시 23:1-4). 소원의 항구로 입항하게 된다(시 107:30). 이것이 바로 성경을 사랑하는 이들을 향한 축복이며 특권이다. 여호와께 복 받을 자의 모습이다. 성령과 동행하는 삶이다. 흑암과 두려움, 고난과 실패 속에서 주의 말씀이 즐거움이 되지 않았다면 벌써 멸망했을 것이다(시 119:92). 이렇게 매일 지속된 성경 읽기와 말씀 묵상은 내게 언제나 기쁨과 즐거움이 되었다(렘 15:16). 그리고 언제나 나를 건졌다(시 81:7). 인생을 건지고, 목회를 건지고, 가족을 건지고, 인생의 수렁에서 건지고, 역경 속에서 건졌다.

성경 읽기와 묵상에는 휴가가 없다. 1년 365일 그리스도인은 매일 성경을 통해 생명의 양식을 공급받아야 한다. 말씀의 양식을 매일 공급받아 믿음으로 심령에 저장해야 한다. 그리고 기도를 통한 성령의 생수로 물을 공급해야 한다. 그래야 건강해지고 풍성한 열매를 맺을 수 있다.

인생은 끝없는 선택의 연속이다. 그래서 철학자 사르트르는 "인생은 B와 D사이의 C"라고 했다. 출생(Birth)과 죽음(Death) 사이의 선택(Choice)이라는 뜻이다. 그렇게 매사가 선택이다. 우리는 선택하고, 그 선택에 집중해야 한다. 그리스도인은 먼저 기도와 말씀으로 하나님께 묻고 여쭈어야 한다(삼하 2:1). 그리고 바른 선택을 해야한다. 그리고 그 선택에 집중하면 된다. 레마의 말씀을 붙잡고 선택하는 삶이 예수의 제자가 걷는 신앙의 여정이다. 다윗이 이렇게 여호와께 잘 여쭈었다.

그리스도인은 언제나 말씀의 사람이어야 한다. 성경에서 멀어진다는 것은 곧 신앙을 포기하는 것이다. 주님과의 동행에 대한 포기 선언이다. 말씀 속에 거해야 그리스도인은 언제나 주님의 인도함을 받는다(요 15:5). 말씀의 사람은 또한 성령의 사람이다. 성령께서 하나님을 말씀을 깨닫게 하시며 또한 조명 하신다(요 16:3). 성령께서는 모든 진리 가운데 우리를 인도하신다. 또 장래 일까지 우리에게 말씀으로 알려 주신다(요 14:26). 성령께서는 모든 진리를 가르쳐주시고, 또한 주님의 말씀이 생각나게 하시고, 깨닫게 하신다. 그렇게 성령은 말씀으로 당신의 백성을 인도하신다. 성경의 사람은 성령의 지도와 조명을 받는다. 그렇게 레마의 말씀을 깨닫는다.

목회 철학과 비전은 성령과 말씀이다. 성령께서 깨닫게 해주시는 말씀이 목회철학이며 비전이다. 성령의 인도하심 따라 목회할 뿐이다. 성령께서 열어 주시는데 까지 목회할 뿐이다. 그래서 매일 성경을 펴고 항상 성령께 묻고 기도한다. 하나님께 무릎을 꿇는다. 성령님의 인도하심과 도움을 구한다. 성령께 목회를 맡기며 인도해 달라고, 지도해 달라고, 주장해 달라고 늘 구한다. 인생과 목회 전체를 성령께 맡기고 그분의 통치를 구한다. 그럴 때 성령께서는 말씀으로 응답하신다(요 15:7). 이렇게 말씀과 기도로 시작하고 여는 성령님과의 영적인 교제가 일상에서 가장 행복하고 기쁘고 즐거운 시간이다. 이 맛이 없다면 신앙의 여정은 고역이다. 목회는 고달픔의 연속이다.

30
I love Chicago

    2003년 12월 말에 오직 성령과 말씀에 의지하여 편안하고 안전한 목양지요 포구였던 사랑의교회 목양지를 사임했다. 지금 생각해 보면 참 대단한 모험이다. 겁 많고 소심하기 짝이 없던 사람이 어떻게 이런 대단한 결단과 모험을 했는지 모르겠다. 신기하고 놀라울 뿐이다. 돌이켜 보면, 말씀에 의지하여 믿음의 결단을 참 잘한 것 같다. 신앙의 여정은 결단이다. 그 결단의 동력은 믿음이다. 믿음의 근거는 말씀이다. 믿음이 커지려면 모험은 필연이다. 원래 나는 모험심이 강한 위인이 아니었다. 늘 안전한 길을 선호했다. 그런데 안전지대를 벗어나 엄청난 모험을 감행했다. 놀라운 일이다. 혼자도 아니었다. 온 가족을 데리고 믿음의 모험을 택했다.

    돌이켜 보면 특별한 섭리와 목적을 두고 성령께서 말씀을 통하여 강권적으로 역사하셨다. 강제로 떠미신 것이다. 편안한 자리에 머물고 싶은 마음을 깨고 또한 안주하고픈 편안함을 주님이 깨버린 것이다. 그렇게 어렵사리 교회를 사임했다.

    2003년 12월 성탄절은 어느 해보다 외롭고 허전했다. 함께 사임하는 동역자와 성탄절 예배 후 교회 근처 커피숍에서 커피를 마시면서 진로에 대해서 담소를 나누었다. 불투명한 미래를 생각하니 참 처량했다. 아무 것도 준비된 것 없이 믿음으로 사임했으니 앞이 캄캄했다. 간간이 후회가 몰려 왔다. 편안히 있을 수도 있었다. 그러나 어떡하겠는가? 이미 주사위는 던져졌다. 엎질러진 물이다. 돌이킬 수 없다. 아내가 7년간 미국에서 한국에 와 맘고생을 많이 했다. 아내가 힘든 한국생활을 잘 참고 견뎌주었다. 어린 코흘리개 세 자녀를 혼자 그 좁은 집에서 외롭게 기르면서 그 힘든 시간을 잘 참아주었다. 고맙고 감사했다. 아내와 함께 사역을 내려놓고 좀 쉬고 싶은 마음도 있었다. 지친 아내를 위해서도 또 나를 위해서도 사역을 내려놓았다. 내려놓으면 하나님께서 또 다시 사역을 주실 것이라 믿었다. 그래서 우리는 미국행을 다시 택했다. 이 여정 속에 하나님의 선하신 계획과 인도하심이 있음을 믿었다.

먼저 인터넷으로 미국 뉴저지에 있는 집을 월세로 계약했다. 우리 가족을 반기는 사람은 아무도 없었다. 말씀만 붙들고 미국으로 떠났다. 당시에는 목회 진로에 대한 많은 고민이 있었다. 섬기던 교회에 담임목사가 바뀌어서 사임하는 동역자도 많았다. 전임 목사님과 동역했던 교역자들은 모두 다 사임하는 분위기였다. 개척이나 청빙을 받아 각자의 길을 떠났다. 그러나 부목사로 계속 시무해도 별 문제는 없었다. 섬기는 교회가 참 편하고 좋았다. 부족한 것이 없었다. 그래서 고민이 더 많았던 것 같다. 그런데 기도할 때마다 이 교회를 어서 속히 떠나야 한다는 마음에 부담감이 들었다. 부담스럽고 괴로웠다. 새벽에 교회에서 기도하면 아브라함이 고향을 떠나는 말씀이 계속 떠올랐다(창 12:4). 집에서 기도하면 다니엘이 왕의 진미를 거부하는 말씀이 자꾸 떠올랐다(단 1:8). 사실 그렇게 강력하게 다가오는 말씀을 계속 거부할 수 없었다.

이것 때문에 많은 고뇌의 시간을 가졌다. 진로에 대한 고민이었다. 가족 때문에 더욱 그랬다. 잘못 선택하면 어린 세 자녀와 아내가 고생할 것이 뻔했다. 고생도 고생 나름이다. 보람되고 의미 있는 고생은 좋다. 이 한 스텝이 향후 펼쳐질 목회의 미래와 인생을 좌우할 수 있는 중요한 선택의 기로였다. 섣불리 결정할 사안이 아니었다. 그렇다고 계속 미적거릴 수만은 없었다. 결국 아내와 함께 기도하면서 결단을 내렸다. 편안하고 안전한 환경을 떠나자고 결단했다. 좀 어렵고 힘들어도 믿음으로 말씀을 좇아 주님이 인도하시는 곳으로 떠나기로 결단했다. 그렇게 믿음의 결단을 하고 말씀을 좇아 안전지대(comfort zone)를 벗어나 미국으로 향했다.

엄청난 모험이었다. 미국으로 유학 갈 때와는 전혀 딴판이었다. 아예 한국생활을 접고 미국생활을 위하여 이민을 결정한 것이다. 그리고 아무도 반기지 않는 낯선 미국 땅에서 교회 설립을 위하여 교회를 개척하고 1년간 사투를 벌였다. 그러나 준비가 덜 되어서 그랬는지, 너무 안일하게 생각해서 그랬는지, 능력이 부족해서 그랬는지 꿈을 접어야 했다. 이민교회 개척에 대한 꿈은 그렇게 물거품이 되었다.

축복을 기대하고 떠났는데 기근을 만났다. 여러 가지 좋지 않은 일들이 생기고, 계획한 일들이 꼬여만 갔다. 실패와 좌절과 절망의 시간을 보냈다. 한국으로 다시 돌아가고픈 마음도 들었다. 그러나 그럴 순 없었다. 믿음의 선택을 하였으니 더 최악의 상황을 맞이하더라도 전진했다(히 10:38). 그렇게 끝까지 말씀을 붙잡고 달렸다. 아브라함도 말씀을 좇아 가나안으로 갔다. 그런데 처음 그가 가나안에서 만난 것은 기근이었다(창 12:10). 모든 것이 첫 술에 배부를 수는 없다. 믿음의 여정도 마찬가지다. 이렇게 뉴저지의 기근 중에도 계속 말씀을 붙잡았다. 언젠가 풍요가 올 것이라고 믿었다.

이 기근 때문에 계획 없던 도시, 시카고로 우리 가족은 이주했다. 실패자는 언제나 떠나야 한다. 재기와 성공을 기대하며 떠나야 한다. 그 길이 또 다른 성공의 길일 수 있기 때문이다. 실패와 좌절의 땅 뉴저지를 뒤로 하고, 말씀과 성령의 인도함을 따라 온 가족이 가나안의 축복을 기대하며 시카고로 향했다. 하나님의 뜻과 계획이 있을 것이라 확신했다. 아브라함도 기근을 만난 가나안에서 곡식이 풍부한 애굽으로 이주했다(창 12:10). 그렇게 우리 가족은 뉴저지의 기근을 피하여 시카고로 향했다. 시카고의 여정이 필시 하나님의 섭리 속에서 일어나는 일이라고 믿었다.

뉴저지에서 큰 뜻을 품고 계획했던 교회 설립을 접은 다음 날, 뉴저지 라마나욧 기도원으로 향했다. 이곳에서 금식하며 하나님께 도움을 구했다. 길을 열어 달라고 간구했다. 한 주간 금식 후 집으로 오니 지혜가 생겼다. 몇 몇 큰 교회에 편지를 쓰고 이력서를 보냈다. 그랬더니 가장 먼저 시카고 헤브론교회에서 연락이 왔다. 이곳에서 청빙 설교를 했다. 그리고 청빙을 받고 하나님의 은혜로 2005년 2월 14일 뉴저지를 떠나 시카고로 이주했다. 한 번도 가보지 않은 미지의 도시라 큰 기대와 동시에 두려움을 안고 향했다. 그런데 차를 타고 가다가 하룻밤 묵은 모텔에서 새벽에 심장마비로 목숨을 잃을 뻔 했다. 태어나서 이런 경험은 처음이었다. 그런데 하나님께서 영의 사람으로 거듭나게 한 계기인 것 같았다. 옛 모습이 완전히 깨어지고, 성령으로 새롭게 빚어진 시발점이 아니었나 싶다. 평생이 날을 잊지 못한다. 그렇게 하나님이 예비하신 땅, 시카고에 도착했다.

시카고는 뜻밖에 치유와 회복의 장소였다. 우리 가족을 위해서 하나님께서 예비하신 특별히 도시였고 교회였다. 이곳에서 예전에 경험해 보지 못한 주님의 따스하고 부드러운 손길을 깊이 체험했다. 성령께서 지치고 상한 심령을 다듬고 깊이 어루만져 주셨다. 말씀과 성령으로 새롭게 빚으셨다(렘 18:4). 성령의 임재도 깊이 체험했다. 6년간의 시카고 생활에서 성령을 통해 큰 위로와 은혜를 경험했다. 또 섬기는 교회와 성도들을 통해서도 큰 위로와 은혜를 받았다. 특히 도시의 아름다움과 멋진 자연 환경을 통해서도 많은 위로와 감명을 받았다. 바람과 눈 그리고 건축과 호반의 도시 시카고가 이렇게 매력이 있는 도시인지 미처 몰랐다. 하늘과 구름과 석양과 일몰이 너무나 아름다웠다. 자연이 눈부시게 아름다웠다. 특히 가을의 단풍을 잊지 못한다. 미시간 호수 변을 끼고 있는 시카고 다운타운과 호수가 그렇게 멋지고 아름다울 수 없었다. 미술관도 좋고, 바람도 좋고, 눈도, 모든 것이 좋았다. 매년마다 펼쳐지는 화이트 크리스마스는 평생 잊을 수 없는 아름다운 추억으로 자리 잡고 있다. 깊은 가을의 풍경도 결코 잊지 못한다. 그렇게 시카고의 매력에 빠져 들기 시작한 우리 가족은 이 도시에서 참 많은 위로와 평안을 얻었다. 그렇게 성령께서는 지친 우리 가족을 시카고를 통해 위로하시고 치유하셨다.

매일 새벽이면 교회로 가서 제단에 엎드렸다. 매일 성경을 읽고, 찬양하고, 기도하고. 이렇게 경건시간을 일상의 우선순위에 두었다. 말씀은 일상의 기쁨과 즐거움이었다(렘 15:18). 감동된 말씀으로 위로 받고 힘을 얻었다. 영이 소생함을 느꼈다. 성령의 교통하심도 깊이 체험했다. 무너진 꿈이 세워졌다. 장래의 소망도 생겼다. 그렇게 무너지고 깨어진 상한 심령이 고침 받고 회복되었다. 그렇게 성령께서 무너진 나를 새롭게 빚으시고 말씀과 성령으로 새롭게 빚으시고 세우셨다(렘 18:4). 참 꿈만 같고 기적 같은 회복의 은혜를 시카고에서 경험했다. 그래서 평생 바람과 호수와 눈의 도시 시카고를 잊지 못한다. I love Chicago!

4부

평화의 도래

이제 힘들고 지루했던 교회 현안이 종료되었다. 교회에 화목과 평화의
시대가 찾아왔다. 이제는 예배당에 앉아 있기만 해도 은혜롭고
감격스럽다. 사람이 할 수 없는 일을 하나님께서 하셨다. 분쟁이라는
아픔과 시련을 통해 교회가 새롭게 되었다. 정화되고 강화되었다. 교회
개혁과 갱신은 하나님의 의지와 능력에 달렸다. 그렇기에 갱신과 개혁의
시대에는 기도와 말씀에 전념해야 한다. 말씀으로 돌아가야 한다(호 6:1).
성령을 더 의지해야 한다. 기도를 더 많이 해야 한다.

31
성령의 목회

미국 생활은 풍요도 있고, 여유도 있다. 무엇보다 자연환경과 교육환경은 세계 최고다. 그러나 이민자의 삶은 외롭다. 고뇌와 역경도 많다. 아픔도 많다. 말씀과 동행하였기 때문에 외로움과 역경을 잘 견딜 수 있었다. 시카고에서 섬기던 정든 교회를 사임할 때도 마찬가지였다. 사임 후, 12개월 동안 시카고에서 지낼 때도 경건생활에 우선을 두었다. 또 다른 기근이었다. 퇴직금 한 푼 받지 못하고 사임했다. 그러나 하나님께서 주신 특별 안식년이라 여겼다. 매사를 믿음의 눈으로 보았다. 그랬더니 마음이 편했다. 하나님께서 채워주실 것이라 믿었다. 궁핍했지만 아내와 참 뜻 깊고 의미 있는 시간을 가졌다. 서로를 위해 더 많이 기도하고 더 많은 대화를 나눌 수 있었다. 대화가 끊이지 않았던 그 빵 집, 그 창가 구석 자리를 잊지 못한다. 서로에게 기쁨이요 위로였다. 힘들 땐 부부의 깊은 대화가 보약이요 양약이다.

모든 것이 마음먹기에 달렸다. 좋게 마음먹으면 좋은 일이 생긴다(잠 15:13). 반면에 나쁘게 마음먹으면 결과도 나쁘다. 시카고에서 또 다시 겪은 1년의 기근을 믿음의 눈으로 바라보았다(히 11:1). 모든 것을 하나님께서 채워주실 줄 믿었다. 그랬더니 까마귀를 동원하여 필요를 다 채워주셨다(왕상 17:6). 우리의 필요를 위하여 주기도문대로 기도만 했다(마 6:11). 그 이후로 우리 부부는 일용할 양식에 대해서 걱정하지 않았다. 여호와께서 다 채워주시는 체험을 했기 때문이다. 아내가 돈이 필요하다면 그 날 새벽에 교회에 가서 일용할 양식을 구했다. 그러면 뜻밖의 분들이 우리 집 문을 두드렸다. 참 신기하고 놀라웠다.

집 근처에 있는 월링 소재 한인연합감리교회 새벽기도회에 매일 참석하는 것이 일상의 기쁨이었다. 새벽기도는 고난 중의 즐거움이요 기쁨이었다. 새벽기도를 마치고 집으로 오는 길에 가끔 도넛 가게를 들렀다. 유명한 D사 도넛 가게였다. 드라이브 인(drive-in)으로 베이글과 커피 한 잔 주문하여 차 안에서 마시면서 집으로 왔다. 또 다른 일상의 기쁨이었다. 요즘도 가끔 그 때가 추억 날 때면 도너츠 가게를 찾는다. 또 추억이 그리워서 한 때는 참 오랫동안 베이글을 먹기도 했다. 그 힘겨웠던 시간들이 이젠 아름다웠던 추억으로 자리 매김하고 있다. 그 땐 정말 기도와 말씀의 힘으로 하루하루를 살았다. 우리 부부는 40일간 아침 금식을 하며 진로에 대해 주님의 뜻을 물었다. 그럴 때마다 성령께서 말씀으로 응답하셨다. 그러면 우리 부부는 그 많은 은혜의 말씀을 함께 나누었다. 그리고 그 말씀대로 성취되는지 기대하며 지켜보았다. 얼마나 즐거웠는지 모른다. 그렇게 주의 말씀이 꿀처럼 달았다(시 119:103). 그리고 그 말씀을 좇았다.

그렇게 감동된 말씀의 인도를 받아 좇아오다 보니 동도교회에 담임목사로 부임하게 되었다. 참으로 주의 말씀은 이렇게 놀랍고 신기하다. 백 퍼센트 안 될 줄 믿고 보낸 이력서 한 장이 역사를 만든 것이다. 이 이력서 한 장이 좋은 소식을 물어다 준 비둘기가 되어 주었다(창 8:11). 감람나무 잎사귀를 물어다 준 것이다. 성령의 역사였다. 그렇게 이력서 한 장으로 동도교회와의 만남이 시작되었다. 이 때도 말씀을 붙들었다. 기도와 말씀으로 주의 뜻을 보여 달라고 간구했다. 동도교회에는 아는 이가 한 사람도 없었다. 담임목회지를 위해서 기도하는 가운데 우연히 발견한 신문을 보고 기도하면서 보낸 이력서 한 장이 나와 동도교회 사이의 가교가 되었다. 신문 한 장이 교회와 나의 중매쟁이가 되어 주었다. 지금 생각해 보면 성령께서 이 이력서 한 장을 통해서 그리고 신문을 통해서 중매하신 것 같다. 바람의 도시 시카고에서 바람 같은 성령께서 바람 같이 놀랍게 역사하신 것이다.

　　어느 날, '미주 크리스천' 신문에 난 동도교회 청빙 광고를 보고 이력서를 보냈다. 처음에 이 청빙 광고를 보지 못했다. 이 신문을 보고 사무실 구석에 던져 놓았다. 주일날 목양실을 방문한 아내가 구석에 놓여 있는 이 신문을 보고서야 동도교회에서 후임 목사를 구한다는 소식을 알려주었다. 나는 신문을 보면서도 발견하지 못했는데 아내가 발견한 것이다. 이 날, 아내가 신문을 보지 않았다면 동도교회와의 인연은 없었을 것이다. 그런데 아내가 발견한 이 신문 광고가 계기가 되어 동도교회에 이력서를 보내게 된 것이다. 지금 생각해 봐도 참 신기하고 놀라운 일이 아닐 수 없다. 성령의 역사로 밖에 해석할 수 없다. 하나님께서는 참 다양한 방법으로 역사하신다.

그렇기에 무슨 일에든지 구하고 찾고 두드려야 한다. 적극적으로 찾고 구해야 한다. "바람이 불지 않을 때 바람개비를 돌리는 방법은 앞으로 달려가는 것이다."고 데일 케네기는 말한다. "태양은 절대 그림자에게 가려지지 않는다."고 레오나르도 다빈치는 말한다. 낙관적인 생각과 언제나 긍정적인 에너지로 적극적으로 무엇인가 자신이 찾고자 하는 것을 열망하며 찾는다면 반드시 발견하게 된다. 그러기에 조그마한 것도 유심히 관찰하며 보아야 한다. 믿음의 사람은 그렇게 구하고 찾고 두드린다. 언제나 그렇게 적극적이요, 낙관적이요, 긍정적이다. 꿈의 사람도 마찬가지다. 부지런히 꿈꾸고 믿음으로 구하고 찾고 두드리면 하나님께서 도와주신다. 어떤 모양, 어떤 방법으로 도와주신다. 이 믿음이 우리의 신앙생활을 살맛나게 만들고 즐겁게 만든다(마 7:7-11). 나는 이 체험 때문에 언제나 적극적, 낙관적, 긍정적인 사람으로 변했다.

이후, 아내와 나는 이 모든 청빙 과정 속에서 하나님의 선한 뜻만 이루어지길 위해 기도했다. 동도교회가 아니어도 상관없었다. 욕심 부린다고 되는 일도 아니다. 전적으로 하나님의 뜻에 달린 것이다. 그런데 뜻하지 않은 그 이력서 한 장이 계속해서 살아 움직였다. 처음 동도교회에서 두 번 연락이 왔다. 그리고 청빙위원 네 분이 우리 부부를 만나기 위해 시카고를 방문했다. 그 이후로 동도교회 청빙위원회로부터 수개월 동안 연락이 없었다. 우리 부부는 안 되는 줄 알고 포기했다.

그러던 어느 날, 기도 중에 노아 방주의 비둘기가 떠올랐다. 감람나무 잎사귀를 물고 와서 노아에게 마른 땅인 뭍이 드러났다는 기뺀 소식을 전해준 비둘기가 기도 중에 떠올랐다(창 8:11). 그런데 이 날, 바로 청빙위원장에게서 전화가 왔다. 비둘기처럼 좋은 소식을 전해주었다. 참 신기하고 놀라웠다. 매 순간이 이랬다. 기도할 때 성령께서 사람들의 마음을 움직인다는 사실을 깨닫게 되었다. 성령께서 기도와 말씀으로 인도하셨다. 지금 생각해봐도 참 놀랍고 신기하다. 그래서 요즘도 가장 기쁠 때는 성경 읽는 중에 말씀에 감동될 때다. 기도 중에 말씀이 떠오를 때다. 그리고 떠오른 말씀과 감동 된 말씀대로 일이 성취될 때다. 이 때가 신앙생활 중에 가장 기쁘고 즐겁다. 이 맛으로 신앙생활 하고 있다.

지금도 말씀과 성령의 역사를 사모한다. 어떤 문제가 있든지 말이다. 사실 동도교회는 내가 오고 싶어 온 교회가 아니다. 그렇게 하고 싶어도 못 오는 교회다. 성령께서 인도하여 나를 데리고 온 교회다. 그렇기 때문에 전적으로 성령을 의지할 수밖에 없다. 내 목회가 아니다. 전적으로 성령께서 인도하시는 목회다. 그러기에 날마다 성령을 의지하여 목회할 수밖에 없다. 성령께 사로잡히고, 성령께 포로 된 목회가 내가 꿈꾸는 목회다. 성령께서 나를 통해 이 교회에서 역사하기를 구하며 목회할 뿐이다.

32
주님 말씀하시면

그렇게 우리 부부는 하나님의 뜻을 먼저 구했다. 오직 내 안에 계신 그리스도의 뜻을 먼저 구했다(갈 2:20). 그의 나라와 그의 의를 먼저 구했다(마 6:33). 말씀이 떨어지면 늘 순종하려고 했다(마 6:9-10). 하나님의 의의 병기와 선한 통로가 되길 원했다(롬 6:13). 하나님의 온전하시고 선하시고 기쁘신 뜻이 먼저 이루어지길 구했다(롬 12:2). 언제나 우리의 삶은 성경 중심, 하나님 중심이었다.

여호와 하나님을 우선순위에 두는 삶이 무엇인가? 말씀과의 동행이다(창 5:24). 이러한 삶을 믿음의 항해를 통해서 깊이 체험했다. 하나님께서는 지금도 주의 교회와 성도를 말씀으로 인도하신다. 아브라함처럼 그렇게 말씀으로 인도하신다. 성령께서는 지금도 그 말씀이 생각나게 하시고 깨닫게 하신다(요 14:26). 성령은 시대와 문화와 환경을 초월하여 지금도 주의 교회와 자녀들을 인도하신다. 이것 때문에 교회와 그리스도인은 매일 하나님께 무릎 꿇고 성령을 의지하며 성경 말씀을 펴야 한다(시 119:11).

목회지도 마찬가지다. 목회지를 인도하시는 분은 여호와 하나님이시다. 청빙에 관한 문제도 마찬가지다. 하나님의 뜻이라면 될 것이라고 믿었다. 그렇지 않으면 안 될 것이라 믿었다. 아무 상관없었다. 서울로 길이 열리지 않으면 또 다른 곳에 길을 여실 것이기 때문이다. 그러나 만약 서울로 목회의 길이 열린다고 해도 쉬운 일이 아니었다. 삶의 뿌리를 다시 옮기는 일은 그리 쉽지 않았다. 누구보다 세 자녀가 마음에 걸렸다. 자녀들이 미국 생활을 너무 좋아했다. 뿌리를 잘 내렸다. 사춘기에 접어든 세 아이를 데리고 다시 서울로 이주하는 것은 그들에게 너무나 큰 상처요 힘든 일이었다. 정말 쉽지 않은 결단이었다. 하루에도 수십 번 생각이 바뀌었다. 너무 나 자신만을 위한 이기적인 생각이 아닌지 망설였다. 그렇다고 마냥 미룰 순 없었다. 많은 고민과 기도 중에 아브라함이 이삭을 바치는 말씀을 떠올리며 결단했다(창 22:2). 자녀들의 미래보다 주님의 교회를 먼저 생각하기로 했다. 자녀들의 문제는 하나님께서 다 책임져 주실 줄 믿고 그분께 맡겼다(벧전 5:7). 안전하게 인도하실 것을 믿었다(에 8:21). 그리고 먼저 그의 나라를 구하기로 했다(마 6:33).

그렇게 우리 가족은 다시 믿음의 모험을 택했다. 첫 번째 모험은 7년 전 서울 사랑의교회를 떠나 개척을 위해 미국행을 택할 때였다. 두 번째는 동도교회의 청빙을 받고 안정된 미국 이민 생활을 접고 다시 한국행을 택한 것이다. 누구보다 세 자녀에게 미안했다. 그렇게 가기 싫다고 우겨대는 자녀들을 억지로 데리고 서울로 왔다. 우리 부부의 심정은 찢어지는 듯 아팠다. 그러나 믿음의 눈으로 앞만 바라보았다(히 11:1). 자녀들이 잘 될 줄 믿었다(히 11:6). 주님의 인도하심과 역사만을 바라보았다. 주님이 인도하시는 교회만 바라보았다. 모든 것이 합력하여 선을 이룰 것을 믿었다(롬 8:28). 세 자녀도 하나님께서 책임져 줄 것으로 믿었다. 이렇게 모든 것을 하나님께 맡기고 우리 가족은 다시 태평양을 건너기 위해 비행기에 몸을 실었다(벧전 5:7). 내 의지와는 상관없이, 어떤 보이지 않는 큰 힘과 바람에 의해 이끌려오는 듯 했다.

"나의 힘이 되신 여호와여 내가 주를 사랑하나이다 여호와는 나의 반석이시요 나의 요새시요 나를 건지시는 이시요 나의 하나님이시요 내가 그 안에 피할 나의 바위시요 나의 방패시요 나의 구원의 뿔이시요 나의 산성이시로다"(시 18:1-2).

그렇게 우리 가족은 다시 이민 가방을 들고 2010년 10월 5일 시카고 오 헤어 공항으로 갔다. 그리고 온 가족이 서울행 비행기에 몸을 실었다. 하나님께서 예비하신 또 다른 믿음의 모험을 위해서 믿음의 행보 첫 발을 내디뎠다.

'주님 말씀하시면 내가 나아가리다
주님 뜻이 아니면 내가 멈춰 서리다
나의 가고 서는 것 주님 뜻에 있으니
오 주님 나를 이끄소서
뜻하신 그곳에 나 있기 원합니다
이끄시는 대로 순종하며 살리니
연약한 내 영혼 통하여 일하소서
주님 나라와 그 뜻을 위하여'

33
또 다시 서울로

시카고를 떠난 우리 가족은 2010년 10월 5일 인천 공항에 도착했다. 서울에서 뉴저지로 이주할 때보다, 시카고에서 다시 서울로 이주할 때가 더 힘들었다. 삶이란 끝없는 모험! 또 다른 믿음의 모험이 시작된 것이다. 지금 생각해 보면, 참 신기하고 놀랍다. 어떻게 이런 모험을 감행했는지 모르겠다. 보이지 않는 어떤 힘에 이끌려 온 것이 분명했다. 저항할 수 없는 성령의 바람을 타고 다시 서울로 온 것만 같았다.

시카고에서 서울로 떠나기 얼마 전, 성령께서 말씀을 주셨다. 에스라 8장 21절 말씀이다.

"때에 내가 아하와 강 가에서 금식을 선포하고 우리 하나님 앞에서 스스로 겸비하여 우리와 우리 어린 것과 모든 소유를 위하여 평탄한 길(safe journey)을 그에게 간구하였으니."

이 말씀 붙들고 다시 서울로 오는 대모험을 감행했다. 그럼에도 불구하고 어떤 땐 믿음이 약하여 많은 두려움과 염려가 있었다. 강하고 담대해야 했는데 그렇게 하지 못할 때도 있었다(수 1:9). 그 약함을 성령의 능력과 말씀으로 메워 나갔다.

'담임목회 경험이 부족한데 어떻게 이런 큰 교회를 목양할 수 있을지? 가족이 서울 생활에 잘 적응할 수 있을지? 세 자녀가 한국 생활과 학교생활에 잘 적응할 수 있을지?' 많은 염려와 걱정이 엄습해왔다. 서울로 떠나기 싫다며 몸부림치는 세 자녀를 어르고 달래서 데려왔는데 염려가 되었다. 이렇게 동도교회를 찾은 처음 심정은 복잡하고 착잡했다. 그러나 감정과 상황에 흔들릴 순 없었다. 시카고에서 우리 가족에게 임한 말씀만 붙잡았다. 꼼꼼히 이 말씀들을 기록하여 자주 묵상했다(시 119:148). 정말 주의 말씀이 내 길이요 빛이었다(시 119:105). 하나님이 세 자녀를 책임져 줄 것이라 믿었다.

"오직 강하고 극히 담대하여 나의 종 모세가 네게 명령한 그 율법을 다 지켜 행하고 우로나 좌로나 치우치지 말라 그리하면 어디로 가든지 형통하리니 이 율법책을 네 입에서 떠나지 말게 하며 주야로 그것을 묵상하여 그 안에 기록된 대로 다 지켜 행하라 그리하면 네 길이 평탄하게 될 것이며 네게 형통하리라(수 1:7-8).

7년 만에 다시 찾은 인천공항은 담배 연기가 자욱했다. 우리 가족이 살던 한적하고 쾌적한 자연환경을 지닌 시카고 북부 교외 지역과는 달라도 너무 달랐다. 환경적 변화로 인하여 그 만큼 삶의 스트레스가 많았다. 공항 밖으로 나서자 자욱한 담배 연기가 우리 가족을 맞았다. 나와 가족들이 가장 싫어하는 담배 향과의 동거가 시작된 것이다. 그렇게 다시 서울 생활이 시작되었다.

공항에 청빙위원 몇 분이 마중을 나오셨다. 교회에서 마련한 차를 타고 사택으로 향했다. 그렇게 2010년 10월 5일 서울에서의 하루가 지났다. 2005년 2월 15일 뉴저지에서 시카고로 이주한 첫 날, 후미진 선교관 2층에서 첫 밤을 보냈는데, 그 때와 느낌이 비슷했다. 그래도 서울의 사택은 깨끗해서 좋았다. 관건은 적응이었다. 서울 생활 적응하는 것이 쉽지 않았다. 몸이 말을 듣지 않았다. 나의 약한 기관지가 큰 문제였다. 매일 기관지가 끓었다. 교회 주변 환경에 적응해 나가는 것도 만만하지 않았다. 10월 23일 위임식이 있었다. 그렇게 서울에서의 새로운 목회의 여정이 시작되었다. 나와 가족의 적응 속도가 승패의 관건이었다. 어떻게 하든 빨리 적응해야 했다. 적응력이 경쟁력이고 능력이다(빌 4:12-13). 내가 할 수 있는 것은 맡은 일에 최선을 다하는 것과 기도뿐이었다.

34
고달픈 목회

　동도교회에 부임한 후 몇 달이 안 되어 뜻하지 않는 시련이 닥쳤다. 하루가 힘겹고 고달팠다. 서울 생활과 교회생활에 적응하는 것이 쉽지 않았다. 무엇보다 자녀들이 적응을 잘 하지 못해서 무척 힘들어했다. 교회 주변 환경이 열악하여 적응하는데 여간 어려운 것이 아니었다. 교회 입구에는 점 집 깃발인 삼색기가 세워져 있었다. 교회 주변은 온통 점 집과 수많은 단란주점, 그리고 모텔로 포위되었다. 또 교회 주변은 시장이라 가게들이 참 많다. 차를 타고 교회로 출입하는 것도 쉽지 않았다.

　이래저래 힘든데 엎친 데 덮친 격으로 목회에도 시련이 찾아왔다. 뜻밖의 암초를 만난 것이다. 처음엔 너무나 기가 막히고 어이가 없었다. 순진한 우리 부부에게는 감당하기 힘든 시련이었다. 기도밖에 방법이 없었다. 기도하면서 참 많이도 울었다. 억울해서 울고, 힘들어서 울고, 답답해서 울었다. 새벽예배 인도 후 교인들이 떠나면 강단에 엎드려 기도하고 찬양하다가 대성통곡했다. 떠나고 싶은 마음도 종종 들었다. '이렇게 하시려고 이곳으로 우리 가족을 보내셨냐'고 하면서 하나님께 참 많이도 항변했다. 그 때마다 성령께서 말씀도 주시고, 은혜도 주시고, 위로도 주셨다. 주의 말씀이 기쁨과 즐거움이 되지 않았다면 견디기 힘들었을 것이다(렘 11:16; 시 119:50). 고난 속에 하나님의 섭리와 뜻이 있음을 믿었다. 믿음이 흔들리지 않도록 기도했다. 십자가를 참으신 예수님을 누구보다 많이 묵상했다(히 12:2).

한국 생활에 적응하기 힘들어 하는 세 자녀를 곁에서 바라볼 때마다 미안하고 참 가슴이 아팠다. 교회에서는 갑자기 찾아온 시련 때문에 힘들고, 집에 돌아오면 서울 생활에 적응하지 못하는 자녀들 때문에 힘들고 마음 아팠다. 하루도 편한 날이 없었다. 마음 둘곳도 없었다. 이렇게 담임목회가 어렵고 힘든지 몰랐다. 한숨 쉬며 하루하루를 버텼다. 잠도 제대로 잘 수 없었다. 신경성이었다. 게다가 새벽기도회까지 인도해야 했다. 답답하고 힘겨운 시간이 계속되었다. 교회만 아니라 천마산 기도원까지 부흥시켜야 한다고 생각하니 머리가 깨질 것만 같았다. 무엇보다 교회 안에 해결해야 할 문제들이 산적해 있었다. 전임 목사님이 처리하지 못한 문제까지 처리해야 했다. 짐이 무거웠다. 보통 무거운 게 아니었다. 이 모든 십자가와 짐을 경험 없는 젊은 목사가 져야 했다. 그러니 하루도 편히 잠들 수 없었다. 얼마나 힘들었는지 모른다. 그리고 문자와 이메일로 또 편지로 비방하는 일들이 갈수록 늘어났다. 화가 나고 억울했다. 분통이 터졌다. 하지만 이 모든 것을 참고 견뎌야 했다. 정말 하루하루가 고역이었다. 담임목회직에 대한 엄청난 대가를 지불해야 했다.

하지만 지금 돌아보면 이런 고난의 시간 때문에 주님을 더 의지할 수 있었던 것 같다(시 119:81). 고난에도 유익이 있었다(시 119:71). 많은 교훈과 깨달음이 있었다. 이 고난 때문에 지금의 내가 존재하고 있지 않나 싶다. 〈내 등의 짐〉이란 무명작가의 글이 있다.

'내 등에 짐이 없었다면 나는 세상을 바로 살지 못했을 것입니다.
내 등에 있는 짐 때문에 늘 조심하면서 바르고 성실하게 살아왔습니다.
이제 보니 내 등의 짐은 나를 바르게 살도록 한 귀한 선물입니다.
내 등의 짐이 없었다면 나는 아직도 미숙하게 살고 있을 것입니다.
내 등에 있는 짐의 무게가 내 삶의 무게가 되어 그것을 감당하게 하였습니다.
이제 보니 내 등의 짐은 나를 성숙시킨 귀한 선물이었습니다.'

그렇다! 내 등의 짐 때문에 성숙되었고 여기까지 왔다. 내 등의 짐이 센 물살에 휩쓸려 내려가지 못하게 지켜주었다. 예수님과 동행한다는 것은 무엇을 의미하는 것일까? 말씀과의 동행이다. 성경을 읽고 묵상하다가 감동된 말씀을 붙잡고, 말씀대로 순종하며 사는 것이다(요 15:7). 예수님을 사랑한다는 것은 계명을 지키는 것이다(요 14:21). 정말 주의 말씀이 아니었다면 벌써 파선했을 것이다. 주의 말씀이 지켜주셨다(시 119:50). 그렇게 주의 말씀은 꿀보다 달았다(시 119:103). 지혜 중의 지혜였다(시 119:100).

우리 부부는 늘 말씀에 우선순위를 두고 순종하며 고난 중에 함께 걸었다. 매일 서로가 경건의 시간을 하면서 받은 은혜를 나누었다. 가장 큰 위로요 즐거움이요 기쁨이었다(렘 15:16). 신앙의 여정은 철저하게 말씀과 함께 하는 끝없는 동행이다.

목회도 마찬가지다. 목회는 전적인 말씀과의 동행이요, 순종이다. 성경 말씀에 최고의 권위를 두는 사역이 목회라 할 수 있다. 그리고 말씀 속에서 기쁨과 즐거움을 건져야 한다. 그렇게 매일 말씀이 주시는 위로와 힘과 기쁨으로 힘겨운 시간을 통과했다(시 23:4).

돌이켜 보면 어둡고 캄캄한 역경과 고난의 터널을 지날 때마다 주님께서 말씀으로 지켜주셨다. 말씀으로 위로해 주셨다. 말씀이 고난 중에 즐거움이요 기쁨이었다(시 119:143). 그래서 성경에 눈을 뗄 수 없었다. 시편 119편 말씀을 고난 중에 깊이 체험했다.

"주의 증거들은 놀라우므로 내 영혼이 이를 지켰나이다 주의 말씀을 열면 빛이 비치어 우둔한 사람들을 깨닫게 하나이다 내가 주의 계명들을 사모하므로 내가 입을 열고 헐떡였나이다 주의 이름을 사랑하는 자들에게 베푸시던 대로 내게 돌이키사 내게 은혜를 베푸소서(시 119:129-132).

환난과 우환의 순간마다 쓰러진 나를 살린 것이 바로 주의 계명이요 말씀이었다(시 121:1-2). 주의 말씀만 붙잡고, 말씀만 의지했다. 그렇게 주의 말씀은 은신처요 방패였다(시 119:114). 참 그 날, 그 때를 회상하면 아찔하다. 고관과 악인들이 나를 해하려고 올무를 놓았다(시 119:110). 그러나 주의 계명과 말씀이 약한 나를 살렸다. 그러기에 말씀을 사랑하지 않을 수 없다. 찬양하지 않을 수 없다. "주의 법을 사랑하는 자에게는 큰 평안이 있으니 그들에게 장애물이 없으리이다"(시 119:165). 그렇게 고달픈 목회를 말씀의 힘과 능력으로 헤쳐 나갔다.

35
말씀 묵상의 힘

　내가 예수님을 인격적으로 만난 것은 중학교 2학년 겨울이다. 부흥 집회 중에 말씀을 통해서 예수님을 인격적으로 만났다. 죄인임을 깨닫고 그렇게 통회하며 눈물을 흘렸다. 그 때 만난 예수님께서 지금도 나와 동행하신다. 사춘기 때는 생각도 많고, 회의도 많다. 호기심도 많고, 의문도 많다. 외로움도 많이 느낀다. 정체성 확립의 시기이기 때문에 모든 것이 혼란스럽다. 그런데 감사한 것은 그 혼란스런 사춘기에 성경을 통해 많은 위로를 받고 바른 가치관을 형성했다는 것이다. 성경 읽는 것이 그렇게 좋았다. 외로움을 많이 달래 주었다. 성경이 참 재미있고, 따뜻했다. 위로가 되었다. 성경을 읽을 때마다 예수님이 친히 말씀하는 것 같았다. 주님께서 내 안에 찾아오시는 것 같았다. 그렇게 성경에서 만난 예수님은 나의 좋은 친구, 가장 친한 친구가 되어 주셨다(요 15:15).

　성경 말씀을 통해서 예수님과 사귀었다. 혼란스러운 청소년기도 말씀의 인도를 받아 그렇게 잘 넘겼다. 많은 고뇌와 방황이 있었던 대학시절도 성경 속에서 내미는 예수님의 손을 붙잡고 잘 보냈다. 예수님을 친구 삼아 지냈다. 대학 도서관에서 교과서를 펴기 전에 늘 성경을 읽고 묵상했다. 참 그 시간이 대학생활 중 가장 좋았다. 그렇게 예수님은 언제나 나의 좋은 친구가 되어 주었다. 이렇게 주의 말씀이 내 인생의 등과 빛이 되어 주었다. 주님의 말씀이 나를 지켜 주고 젊은 시절 방황과 유혹 속에서 건져 주었다.

세월이 많이 흘러 2003년 하반기 사랑의교회에서 목회 진로에 대해 많은 고민을 할 때도 예수님은 말씀으로 나를 인도했다. 나의 좋은 친구이신 예수님의 말씀으로 결단하고 정든 교회를 사임했다. 안일함과 편안함을 거부하고 제로 상태에서 믿음의 항해를 택했다. 그렇게 내 삶의 가장 안전한 포구를 떠났다. 믿음의 항해를 시작했다. 어떻게 이런 용기와 결단을 했는지 놀랍다. 지금 돌이켜 보면, 동도교회로 인도하기 위한 하나님의 강권적인 역사와 섭리였음을 깨닫게 된다. 약하고 부족했기 때문에 더 많은 연단과 훈련이 필요했던 것이다. 그렇게 하나님의 섭리 속에 다시 7년간 미국이라는 광야에서 연단을 받았다. 이 연단 중에도 성경을 손에서 놓지 않았다. 친구 되신 예수님과 동행했다. 주님의 말씀 속에서 위로를 받았다. 하나님의 뜻을 찾고, 힘과 용기를 얻었다. 꿈과 소망을 가졌다 (시 119:149). 말씀이 미래였고 소망이 되었다(잠 24:14).

동도교회에 부임해서도 마찬가지였다. 말씀과 성령님만 의지했다. 시련과 혼란 속에서도 늘 말씀과 성령님을 의지했다. 할 수 있는 것은 이것뿐이었다. 고관들이 목회를 위협하고 방해할 때도 늘 말씀을 의지했다(시 119:161). 주의 계명대로 바르게 살려고 몸부림쳤다. 어쩔 수 없이 병원에서 정신검사를 받아야 할 때도 그랬다.

노회조사위원들에게 조사를 받을 때도 그랬다. 혜화동 여전도회관에서 정신병자로 몰려 임시노회에서 면직 당하려 할 때도 그랬다. 자칭 성령이라고 주장했다고 이단으로 몰려 재판 받을 때도 그랬다. 그리고 고관들의 압박에 못 이겨 어쩔 수 없이 예장합동총회를 탈퇴할 수밖에 없는 상황 속에서도 여전히 말씀을 붙잡았다. 그렇게 말씀만 붙들었다. 의로운 심판장이신 예수님을 붙들었다.

"좁은 문으로 들어가라 멸망으로 인도하는 문은 크고 그 길이 넓어 그리로 들어가는 자가 많고 생명으로 인도하는 문은 좁고 협착하여 찾는 이가 적음이라"(마 7:13-15).

나와 동도교회 당회는 이 말씀으로 하나가 되었다. 편하고 넓은 길보다 찾는 이가 없는 좁은 길을 택했다. 그 길이 생명의 길이요, 구원의 길이라 믿었다. 그렇게 고난을 통과했다. 노회가 분립될 때도 그랬다. 이렇게 고비 때마다 말씀을 붙잡았다. 그렇게 성령께서 말씀으로 교회를 인도했다. 나에 대한 재판국이 설치되던 노회가 있던 그 날이었다. 노회가 개최되던 어느 교회 강단 앞에 써 붙은 성구를 보고 큰 감동을 받았다. "십자가를 참으사 부끄러움을 개의치 아니하시더니"(히 12:2). 이 말씀 붙잡고 재판에 임했다. 그렇게 예수님의 십자가를 생각하면서 참았다. 십자가를 붙들고, 십자가를 묵상하며 고난을 통과했다.

"그리스도를 묵상할 때 그 안에 모든 상처를 다스리는 유향이 있습니다. 아버지를 묵상할 때 모든 슬픔이 사라집니다. 성령의 능력 안에 모든 환부를 고치는 약이 있습니다. 슬픔을 떨치고 싶습니까? 염려를 잊고 싶습니까? 가서 하나님의 심해에 빠져보십시오. 광대하신 그분 안에 파묻히십시오. 그러면 푹신한 소파에 누워 잘 쉰 것처럼 기력을 되찾아 소생된 모습으로 나올 것입니다. 경건하게 하나님을 묵상하는 것만큼 영혼에 위안을 주고 시련의 바람을 잔잔케 하는 것은 없습니다."(《내 평생 가는 길》, 알리스터 맥그래스 지음, p. 81).

스펄전 목사의 고백이다. 광야의 여정을 걸으면서 그리스도를 묵상하며 참 많은 위로와 힘을 얻었다. 말씀 묵상은 그렇게 힘과 용기와 위로를 주었다. 고난 중에 감사와 찬양이 넘치게 만들었다(시 119:164). 주의 말씀이 목회를 지켰다. "주의 법이 나의 즐거움이 되지 아니했다면 내가 내 고난 중에 멸망하였으리이다"(시 119:92). 정말 그렇다. 이 말씀이 고백이요 간증이다. 말씀이 매일의 즐거움이 되지 않았다면 벌써 망했을 것이다. 그런데 성령께서 말씀으로 지키시고 인도하셨다. 그 외에도 힘이 된 말씀이 많다.

'나는 날마다 죽노라(고전 15:31). 그가 나를 단련하신 후에 내가 정금같이 나오리라(욥 23:10). 모든 것이 합력하여 선을 이루느니라(롬 8:28). 한 날의 괴로움은 그 날에 족하니라(마 6:34). 여호와는 죽이기도 하시고 살리기도 하시며(삼상 2:6). 강하고 담대하라 두려워하지 말며 놀라지 말라(수 1:9). 여호와께서 여기까지 우리를 도우셨다(삼상 7:12). 담대하라 내가 세상을 이기었노라(요 16:33). 너의 성숙함을 모든 사람에게 나타나게 하라(딤전 4:15). 복음과 함께 고난을 받으라(딤후 1:8). 우리가 넉넉히 이기느니라(롬 8:37). 나의 생명을 조금도 귀한 것으로 여기지 아니하노라(행 20:24). 모든 것을 할 수 있느니라(빌 4:6). 오직 여호와를 앙망하는 자는 새 힘을 얻으리니(사 40:31). 내 몸에 예수의 흔적을 지니고 있노라(갈 6:17). 전심으로 자기에게 향하는 자를 위하여 능력을 베푸시나니(대하 16:9).'

하나님은 언제나 기대와 믿음을 저버리지 않으셨다. 목회적 위기와 고비 때마다 성경을 펴고 하나님께 묻고 기도했다. "어떻게 해야 할까요?" 말씀을 통해 승리의 확신을 가졌다. 전쟁은 여호와께 속하였다(삼상 17:47). 재판장은 여호와다. 승리의 확신을 가졌다. "사울의 집과 다윗의 집 사이에 전쟁이 오래매 다윗은 점점 강하여 가고 사울의 집은 점점 약하여 가니라"(삼하 3:1). 특히, 이 말씀 붙잡고 폭풍을 통과했다. 때가 되자 고관들의 힘과 세력이 점점 약하여 갔다. 말씀대로 이루어지는 것을 보면서 놀랐다. 이렇게 주의 말씀을 통해서 말씀이 살아 있음을 체험했다. 여호와의 말씀은 지금도 살아 역사한다. 주의 계명을 의지하는 자에게 평안과 즐거움이 있을 것이다. 승리와 구원이 있을 것이다. 주의 말씀이 고난을 이기게 만든다(시 119:50).

36
평화의 시대

　지상 교회는 불완전하다. 구원 받은 죄인들의 모임이라 그렇다. 각양각색의 사람들이 모여서 교회를 이루고 있기 때문이다. 그러다 보니 불협화음이 일어나기도 한다. 부흥하고 발전하는 교회들도 그랬다. 한국의 초창기 장로교회의 모체라고 하는 장대현교회도 1927년에 교회 분쟁이 있었다. 가장 성령이 충만하고 은사가 많았다고 하는 초대교회도 그랬다. 고린도교회가 그 대표적인 예라 할 수 있다. 지금도 크게 성장하는 교회들 중에 분쟁 중인 교회들도 많다.

　분쟁은 교회가 살아 있다는 증거다. 진보하고 더 바르게 발전하려는 개혁과 갱신의 몸부림이다. 현재의 안주를 거부하고 새롭게 거듭나려고 하는 몸부림이다. 분쟁은 교회가 영적으로 수술되고, 새롭게 거듭나게 되는 자생적 회복과 성결과 거룩의 과정이다. 또한 영적으로 새롭게 거듭나는 혁신의 과정이다. 세속화를 자르고 성경의 가치로 새롭게 거듭나는 과정이다. 영적인 교회 체질 개선이다. 육의 체질에서 영의 체질로의 개선이다(롬 8:5-6). 오래 된 교회는 반드시 이 체질 개선의 과정을 거쳐 새롭게 거듭난다.

동도교회도 그렇다. 한국 전쟁이 끝난 1953년에 교회가 세워졌다. 역사가 길다. 좋은 전통도 있다. 저력도 있고 명성도 있다. 무엇보다 기도하는 교회로 소문났다. 천마산 기도원을 통해 한국교회를 섬겼다. 반면에 고치고 개선해야 할 점도 있었다. 한동안 교회가 영적인 잠을 자고 있었다. 새로운 도약과 몸부림이 필요했을 것이다. 개혁과 갱신을 위한 해산의 고통이 필요했다(갈 4:19). 세속화를 씻고 더 거룩해져야 했다. 이 징계와 연단과 수고의 과정을 통해서 교회는 새롭게 거듭난다(고후 5:17). 나도 모르게 더럽혀진 세속의 때와 땅의 것, 옛 성품, 육의 것을 벗고, 위의 것으로 거룩한 새 옷을 입게 된다(골 3:2). 이렇게 말씀과 기도로 거듭나면 교회의 체질은 정화되고, 강화된다(딤전 4:5). 새로운 부흥과 발전의 초석이 다시 세워진다.

이제 힘들고 지루했던 교회 현안이 종료되었다. 교회에 화목과 평화의 시대가 찾아왔다. 이제는 예배당에 앉아 있기만 해도 은혜롭고 감격스럽다. 사람이 할 수 없는 일을 하나님께서 하셨다. 분쟁이라는 아픔과 시련을 통해 교회가 새롭게 되었다. 정화되고 강화되었다. 교회 개혁과 갱신은 하나님의 의지와 능력에 달렸다. 그렇기에 갱신과 개혁의 시대에는 기도와 말씀에 전념해야 한다. 말씀으로 돌아가야 한다(호 6:1). 성령을 더 의지해야 한다. 기도를 더 많이 해야 한다.

역사와 전통, 명성과 덕망이 있는 교회에 부임한 경험 없는 신출내기 젊은 목사가 알면 뭘 얼마나 더 알겠는가? 하나님이 도와주시지 않으면 아무것도 할 수 없다. 승리는 여호와께서 주신다. 다윗의 연전연승도 여호와께서 주셨다(삼하 8:6, 14). 다윗이 어디로 가든지 이길 수 있었던 것은 여호와께서 도와주셨기 때문이다. 그렇다. 언제나 승리는 여호와의 몫이다. 사람의 몫이 아니다. 그러기에 성령께서 앞장서서 일하시도록 주도권을 여호와께 맡겨야 한다(대상 29:11). 그럴 때 영전의 승리와 만사형통의 축복이 임한다.

여호와께서 부족하고 연약한 종을 사용하셨다. 이 일이 감사했다. 여호와께서 교회를 새롭게 하기 위해 아이와 같이 부족하고 어린 종을 사용하셨다(렘 1:6). 이제 이 시련과 아픔을 통해 부흥의 초석이 세워졌다. 모든 교우들이 교회의 소중함을 깨닫게 되었다. 교회 사랑과 소중함을 깨달았다. 이 교훈은 교회 미래의 버팀목이 될 것이다. 미래 교회 발전의 청사진이 될 것이다. 분쟁의 시간을 통해서 교회는 더욱 견고해졌다. 앞으로 계속 발전하고 성장할 것이다. 성장에는 고통이 따른다. 거듭남과 새로운 성장과 부흥을 위해 고난은 필연이다. 고통 없이 귀하고 좋은 것을 얻을 수 없다.

교회 현안에 대한 최종 합의가 끝난 후 가장 먼저 떠오른 생각은 기뻐할 성도의 모습이었다. 목사의 행복이 무엇인가? 교인들의 행복이다. 교인들이 행복하면 목사는 더 없이 행복하고 기쁘다. 목사는 교인을 누구보다 먼저 많이 생각한다. 오직 교인들 생각뿐이다(고후 11:28). 시련을 통과하면서 교인들이 참 많이 힘들었을 것이다. 반면에 영적 전우애도 생겼다. 이것이 귀하고 감사했다. 이제야 교우들은 나를 '우리 목사님'이라고 부른다. 하나 됨이 힘과 능력이다(빌 2:1-2). 고난의 긴 터널을 통과하면서 온 교회가 기도와 말씀으로 하나 되었다. 의와 거룩과 사랑으로 하나 되었다. 그렇게 영적 전우애가 싹텄다.

혼란과 소용돌이 속에서 담임목회자의 지도력이 뿌리내렸다. 이제 교인들은 '우리 목사님'이라고 부르고 또한 그렇게 기도한다. 그렇게 목회자와 성도가 하나가 되었다. 시련과 고난이 가져다 준 축복이다. 이렇게 교회 내부의 개척이 완성되었다.

37
좁은 길

돈으로 타협할 수 있는 편한 길도 있었다. 하지만 당회는 좁은 길을 선택했다. 지금도 기억이 생생하다. 교회 중요 정책은 먼저 총무위원회에서 다뤄진다. 어느 수요일 저녁예배 후였다. 총무위원 네 분이 목양실로 오셨다. 중대한 결정을 내려야 했다. 당시 교회는 노회와 정치적으로 타협할 것인지, 말 것인지 선택의 기로에 서 있었다. 먼저 총무위원들의 견해를 물었다. 그랬더니 타협 없이 바른 정도로 가자고 했다. 그 말을 듣고 기뻤다. 주중에 받은 말씀 때문이다. 그래서 기도 중에 받은 말씀을 총무위원들과 나누었다.

"좁은 문으로 들어가라 멸망으로 인도하는 문은 크고 그 길이 넓어 그리로 들어가는 자가 많고 생명으로 인도하는 문은 좁고 길이 협착하여 찾는 자가 적음이라" (마 7:13-14).

우리는 이렇게 하나가 되어 주님의 말씀을 따라 좁은 길을 택했다. 고난이 따르는 좁고 험한 길을 마다하지 않은 장로님들이 존경스럽고 대단해 보였다. 대다수 교인들도 좁은 길로 가는 의의 길을 마다하지 않았다. 온 교우들이 이 의롭고 좁은 길을 택한 당회를 전폭적으로 신뢰했다. 이처럼 온 교회가 하나가 되었다. 의로움과 거룩으로 하나가 되었다. 이렇게 좁은 길을 통해 온 교회가 위대한 하나님의 역사를 경험했다. 부활은 언제나 십자가의 좁은 길을 통해서 찾아온다. 고난 없이 부활도 없다. 힘들어도 영광스럽게 좁은 길을 가야 한다.

교회의 진정한 힘은 하나 됨이다. 한 마음 한 뜻이 되어야 한다. 그렇게 한 마음으로 협치해야 어떤 시련과 고통도 참고 견딜 수 있다. 하나 됨의 힘을 가까이에서 지켜보았다. 교회를 해하려고 한 외부 세력은 교권을 가지고 교회를 마구 흔들었다. 보통 이런 경우에는 대다수 지역교회들이 손을 든다. 그러나 동도교회는 달랐다. 흔들리지 않았다. 무릎도 꿇지 않았다. 하나 되어 의로운 저항을 펼쳤다. 온 맘 다해 교회를 수호했다. 불의에 저항(프로테스탄트)했다. 불의한 교권주의자들에게 저항의 의지를 행동으로 확실히 보여주었다. 기도만 하고, 침묵하지 않았다. 수수방관하지 않았다. 불의에 대해서는 거침없이 저항했다. 행동으로 보여주었다(약 2:17).

앤소니 로빈스의 말처럼 승리자는 행동한다. 그렇게 저항의 몸짓을 불의한 세력에게 행동으로 보여주었다. 이것이 개혁교회의 아름다운 전통이다. 불의에 항거하는 저항 정신이 빠지면 개혁교회라 할 수 없다. 그렇게 성경적 가치로 한 마음이 되어 고난의 깊은 밤을 통과했다. 서로 의지하고 격려하며 참고 견뎠다. 긴 고난의 행군을 예수님 사랑, 교회 사랑으로 한 마음 되어 걸었다. 기도로 하나가 되었다. 머리를 맞대고 서로의 지혜를 짜냈다(잠 15:22). 당회는 전략을 세웠다(잠 24:6). 후새와 같은 전략가들이 많았다(삼하 17:7). 교회는 그렇게 당회를 중심으로 쉴 사이 없이 기도하며 한 마음으로 협치하면서 영전을 치렀다(엡 6:18).

중국 속담에 "갖바치 세 명이면 제갈량을 이긴다"는 말이 있다. 천하가 인정하는 제갈량이라도 수선쟁이 세 사람의 머리를 당해 낼 수 없다는 뜻이다. "세 사람이 길을 가면 그 중에 반드시 나의 스승이 있다."고 했다. 공자의 말이다. 그렇다. 한 사람의 생각보다 여러 사람이 함께 지혜를 모으면 더 합리적인 판단과 방향으로 결정을 내릴 수 있다. 그렇게 지혜를 나누고, 전략을 세우고, 협치하여 영전에 임했다. 난관과 어려움을 극복해 갔다. 또 유비무환, 임전무퇴의 믿음으로 교회를 수호하고 지켰다. 일사각오의 믿음으로 교회를 지켰다(에 4:16).

고비 때마다 하나님께서 교회를 돕는 선한 분들을 보내 주셨다. 뜻하지 않게 선한 분들을 만나게 해 주셨다. 위기의 순간마다 피할 길도 주셨다(고전 10:13). 다윗이 경험한 '셀라하마느곳'의 은혜도 주셨다(삼상 23:28). 불의한 교권주의자들에 의해 불법으로 교회의 통장이 다 넘어가기도 했다. 교회의 부동산도 다 넘어가기도 했다. 이런 절체절명의 순간에도 하나님께서는 피할 길을 열어 주셨다. 그렇게 교회를 지켜 주셨다(고전 10:13). 놀랍고도 신기하게 역사하셨다. '하나님께서 이렇게도 역사하시는구나.' 모든 성도가 고백하고 목도했다. 한 편의 기적 같은 드라마였다. 놀라운 성령의 역사였다. 하나님께서 생생하게 역사하심을 눈으로 보고 귀로 듣고 두 손으로 만지는 역사였다(욥 42:5). 모든 것이 합력하여 선을 이루는 이적의 역사였다(롬 8:28).

이런 놀랍고 신기한 체험이 있었기에 전 교인이 용맹스럽게 믿음으로 영전에 임했다. 느헤미야 시대 때 예루살렘 도성 내 이스라엘 백성들이 적들의 공격을 대비하기 위하여 허리에 칼을 차고 성벽 공사를 했다. 동도교회 교인들의 모습도 이와 다를 바 없었다(느 4:18). 만 3년간 치러진 동도교회 영전은 新느헤미야서였다. 이 모든 것이 하나님의 은혜요 기적이다. 기도의 역사요 간증이다. 그렇게 우리는 불의한 세력들로부터 주님의 몸 된 교회를 지켰다.

38
교회를 허무는 마귀

　사탄 마귀는 지금도 천국의 도성인 교회를 허물려고 혈안이 되어 있다. 그래서 느헤미야 시대 산발랏과 도비야와 게셈과 같이 악한 이들을 충동질한다. 사탄이 가장 싫어하는 것은 교회의 평화와 화목이다. 어떻게 해서든지 교회를 허무는 것이 사탄의 계략이다. 교회의 화목과 평화를 깨는 것이 사탄의 목표다. 이에 사탄은 자신의 추종 세력을 결집한다. 그리고 이들을 이용하여 교회를 허물고 목회자를 공격한다. 세상 통치자와 권세자들도 동원한다. 사탄에게 굴복하는 세상 주관자들과 하늘에 있는 악의 영들도 사탄이 동원한다(엡 6:12). 이렇게 사탄은 자신의 세력과 함께 교회를 공격하여 멸하려 한다. 그렇기 때문에 온 교회가 영적으로 깨어 있지 않으면 언제든지 당할 수 있다. 그렇게 당한 교회가 역사 속에 많고, 무너진 교회도 많다. 그렇게 무너진 영적 지도자들도 많다.

　선 줄로 생각되면 항상 넘어질까 조심해야 한다(고전 10:12). 겸손히 구원을 이루어가야 한다(약 4:6). 구원의 여정은 하나님 앞에 설 때까지다. 9회 말 경기가 끝날 때까지다. 방심하는 순간 사탄의 공격을 받아 한순간에 무너진다. 잘 나가던 경기가 한순간에 역전이 될 수 있다. 그렇기 때문에 교회는 늘 겸손해야 한다(약 4:10). 항상 기도로 깨어 있어야 한다(엡 6:18). 기도의 두 손을 내리지 말아야 한다(출 17:11). 서로를 위해 중보하며 늘 교회를 위해 기도해야 한다(딤전 2:1-3). 온 교회가 하나님의 전신갑주로 중무장해 있어야 한다(엡 6:10-18). 방심과 안일함은 금물이다(살전 5:6). 방심하다가 마지막에 무너지는 교회와 영적 지도자가 너무 많다. 9회 말에 역전패 당하는 이들도 있다. 참 가슴 아픈 일이다. 허망한 일이다. 이렇게 한 교회, 한 지도자가 무너지는 것은 모두가 다 교회의 아픔이다. 교회는 우주적인 한 교회를 지향한다. 모든 교회는 그리스도의 몸으로 연결되어 있는 하나의 지체이다(고전 12:16). 하나님의 영광이 가려진다. 그러니 두렵고 떨리는 심정으로 구원을 이루어 가야 한다(빌 2:12).

지금도 대적 마귀는 우는 사자 같이 두루 다니며 삼킬 자를 찾는다(벧전 5:8). 경각심을 가져야 한다. 그러나 두려워할 필요가 없다. 예수님의 능력을 의지하면 영전에서 언제나 승리할 수 있다(엡 6:13). 다윗처럼 어디서나 이길 수 있다(삼하 8:6, 14). 말씀과 기도로 승리할 수 있다. 성령을 의지하여 승리할 수 있다. 찬양으로 사탄을 대적하여 승리할 수 있다(대하 20:22). 찬양은 온 성도들의 마음을 하나로 묶는다. 기도도 성도들의 마음을 하나 되게 한다. 말씀과 기도와 찬양은 영전의 가장 위력적인 무기다.

두려움과 염려 많았던 부임 초기에 주일 강단에서 느헤미야서를 가지고 강해설교를 했다. 지금 생각해 보면 참 잘한 것 같다. 성령의 인도하심이었다. 영적 전투력과 경각심을 교우들에게 일깨워 주었다. 교회 내 지도력의 교체가 있을 때 마귀가 역사할 수 있다. 이 사실을 강단을 통해서 성도들에게 알렸다. 누구보다 담임목사인 나 자신을 위한 설교였다. 기도하는데 느헤미야서를 강해하고 싶은 마음을 성령께서 주셨다. 나부터 말씀을 준비하다가 은혜를 받았다. 이렇게 말씀으로 성령께서 나부터 영적 경각심을 가지게 만들었다.

설교에 대해 비난하는 이들도 있었다. "목사가 느헤미야 밖에 모르냐?"고 비난하는 이들도 있었다. 별 신경 쓰지 않았다. 한 귀로 듣고 한 귀로 흘렸다. 귀 있는 자는 들을 것이요, 그렇지 않은 자는 듣지 않기 때문이다(마 11:15). 예수님의 설교에도 귀를 막은 자들이 많았다. 교회가 불의한 세력에 저항하며 고난의 행군을 할 때 잘못되면 더 큰 어려움에 직면할 수도 있다. 동도교회 인근에 교회 분쟁으로 문을 닫고 해체 된 교회도 있었다. 온 교우가 말씀과 성령으로 하나 되어 난관을 잘 극복했다. 하나님께서 우리를 대신하여 싸우셨다(느 4:21). 앞서 가셔서 먼저 싸우신 것이다. 구름 기둥과 불기둥이 되어 주셨다(느 9:12). 먼저 길을 내신 것이다(신 1:33). 모든 것이 하나님의 은혜였다.

교회는 언제나 말씀으로 갱신되고, 개혁되어야 한다. 믿음 좋고 신실한 교회 정치가와 행정가가 교단 내에 많이 배출되어야 한다. 선한 장로교 정치는 언제나 필요하다. 교단 내에서도 신실한 교회 지도자가 배출되어야 한다. 그래야 한국 교회에 선한 영향력을 끼칠 수 있고, 교회가 새롭게 정화되고 말씀으로 갱신될 수 있다. 그렇지 않고는 동도교회와 유사한 비정상적인 일들이 지역 교회에서 일어날 수밖에 없다.

교단 내 정치 개혁과 갱신이 지속적으로 시행되어야 한다. 루터의 외침처럼 "개혁된 교회는 항상 개혁되어야 한다(Ecclesia refomata est semper reformanda)." 개혁을 멈춘 교회는 무사 안일로 도태할 수밖에 없다. 세속화 된다. 교회 마케팅 대부로 알려진 조지 바나(George Barna)가 말한 것처럼, 주전자 안의 온도가 조금씩 올라가는 줄도 모르고 따뜻한 물속에서 안주하다가 서서히 죽어가는 개구리처럼 교회도 그렇게 서서히 죽어갈 수도 있다. 끊임없는 성경적 개혁과 갱신만이 교회를 새롭게 한다. 그렇게 동도교회는 말씀을 통한 개혁과 갱신의 길을 좇아 걸었다. 종교개혁가들이 그렇게 부르짖었던 '아드 폰테스'(Ad Fontes '원천으로'라는 뜻의 라틴어)로 돌아가려고 애썼다. 성경은 신앙과 삶의 원천이요 근원이다. 성경으로 돌아가는 길 외에 별 다른 대안이 없다. 갱신과 개혁의 길은 성경 말씀뿐이다.

39
임전무퇴

나와 동도교회가 당한 시련은 기가 막힐 웅덩이와 수렁이었다(시 40:2). 어처구니없는 사건이었다. 기가 차고, 혀를 내두를 수밖에 없는 황당한 사건이었다. 이 황당하고 어처구니없는 사건으로 동도교회는 초토화될 수도 있었다. 공중 분해될 수도 있었다. 정말 수많은 웅덩이에 빠졌고 허우적거렸다. 한계 상황에 처하기도 했다. 조롱하는 이들은 웅덩이에 빠진 우리를 보고 비웃었다. 이제 다 끝났다고 조롱했다. 항복하라고 비웃었다. 그러나 동도교회는 불의와 교권 앞에 굴복하지 않았다. 저항했다. 한 마음 한 뜻 되어 의와 양심의 저항을 했다. 자빠지고 넘어질 때마다 서로를 세워주며 오뚝이처럼 다시 일어났다(잠 24:16). 여호와께서 우리를 대신하여 싸우셨다. 위기의 순간마다 성령께서 기막힌 방법으로 교회를 돕고 건져내셨다. 배후에는 교회를 향한 끊임없는 성도들의 중보 기도가 있었다. 밤새 교회를 위하여 기도하는 분들이 많았다.

임전무퇴의 저항 정신이 동도교회 교우들에게 있었다. 대단한 하나님 나라의 용사들이다. 일당 백, 일당 천을 하였다(신 32:29-30).

기드온의 삼백 용사였다. 아합 시대 남은 자 의인 칠 천 같았다(왕상 19:18). 그렇게 기백이 넘치는 의로운 항전으로 위대한 영적 승리를 일구었다. 사실 교회로서는 혹독한 연단이었다. 광야로 내동댕이쳐 졌다. 마라의 쓴 물이었다(출 15:23). 퇴로가 없는 홍해였다. 진퇴양 난이었다. 산 넘어 산이었다. 끝없이 밀려오는 높은 파도와 폭풍우 에 포기하고픈 마음도 들었다. 그런데 이 모든 위기와 고난을 믿음 과 기도로 극복했다. 예수님 사랑과 교회 사랑으로 극복했다. 이 혹 독한 시련을 인내하며 한 마음으로 모두 잘 견뎌주었다. 목회자로 서 동도교회 교우들에게 무한한 자부심을 가진다.

광야와 고난은 인생 필수다. 고난 없이 걷는 인생이 없다. 고난 없이 성장하는 교회도 없다. 인생은 광야다. 부흥과 성장의 뒤안길 에는 고난의 흔적이 깊이 파여 있다. 이것이 성경의 역사요, 교회의 역사다. 목회 현장에서도 이 사실을 뼈저리게 통감한다. 고난은 절 대 헛되지 않는다. 고난엔 많은 유익과 축복이 있다(시 119:71). 고난 은 사람을 겸손하게 만든다. 고난은 사람을 선하게 만든다. 고난은 모난 부분을 다듬어 온유와 겸손의 사람으로 만든다. 모세가 그랬 다. 고난은 평범이 축복임을 깨닫게 만든다. 고난은 인간을 성숙하 게 만든다. 고난은 인간을 인간답게 만든다.

정호승 씨의 책에서 이런 글귀를 읽은 적이 있다. "사람한테 고 통이 없다면 어떻게 될까요?"라고 누가 김수환 추기경에게 물었다. 그러자 김 추기경은 "몸은 자라고 마음은 자라지 않는 식물인간이 되지 않겠습니까?"라고 답했다고 한다.

고난을 통해 교회가 더 성숙되고 다듬어졌다. 고난을 통해 인생은 정화된다. 하지만 고난은 말 그대로 고통이다. 고난의 시간을 통과하면서 수도 없이 좌절하고 절망했다. 여러 번 포기하려고 했다. 그런데 참고 견뎠다. 영적 맷집도 생겼다. 믿음으로 견뎠다. 예수님 사랑과 교회 사랑으로 모두가 다 잘 참고 견뎠다. 원래 강하지 못했다. 약하고 부족하다. 누구보다 잘 참지 못한다. 그런데 약하고 부족한 사람이 이 힘겨운 고난의 시간을 견뎠다. 이것이 간증이다. 성령의 역사다. 하나님께서 친히 피난처요 은신처요 피할 바위가 되어 주셨다.

40
십자가의 주님만 보고

　분쟁 초기에 정신병자로 몰리면서 조사를 받는 시간은 참 기가 막혔다. 근거 없는 유언비어에도 시달렸다. 새벽마다 강단에 엎드려 기도하면서 참 많이도 울었다. 억울해서 울고, 힘이 없어 울고, 분통이 터져 울고, 괴로워서 많이도 울었다. 울음이 치료제였다. 이런 수치와 모욕을 당하게 하려고 시카고에서 서울로 다시 보냈냐고 하면서 하나님께 참 많이 따졌다. 이단으로 몰려 재판을 받고, 면직을 당할 때는 너무 어이가 없고 눈물도 나지 않았다.

　모든 것을 내려놓고 십자가의 주님만 바라보았다. 십자가에서 고난당하신 예수님만 바라보았다. 기적의 역사를 베푸실 주님만 바라보았다. 무엇보다 마음을 지켰다. 온유하려고 애를 썼다. 주님과 교회를 위해 죽기로 작정하고 나선 사람이 목회자다. 주님을 위해 죽기로 각오했다. 일사각오의 정신으로 임했다. 주님 뜻에 모든 것을 맡겼다(벧전 5:7). 주님의 선한 계획과 뜻이 있을 것이라 믿었다. 최후 승리를 확신했다.

"이르되 성전을 헐고 사흘에 짓는 자여 네가 만일 하나님의 아들이어든 자기를 구원하고 십자가에서 내려오라 하며 그와 같이 대제사장들도 서기관들과 장로들과 함께 희롱하여 이르되 그가 남은 구원하였으되 자기는 구원할 수 없도다 그가 이스라엘의 왕이로다 지금 십자가에서 내려올지어다 그리하면 우리가 믿겠노라"(마 27:40–42).

그 숱한 조롱과 고초 속에서도 십자가에서 내려오지 않은 예수님을 묵상하니 내가 당하는 고난과 억울함이 별 것이 아니라는 생각이 들었다. 아골 골짝 빈들에도 복음 들고 가겠다고, 괴로우나 즐거우나 주만 따라 가겠다고, 목사 안수 받을 때 불렀던 찬양으로 초심을 잡았다. 모든 것을 잃어버린다고 해도, 손해 볼 것은 하나도 없었다. 이미 주님 안에서 너무 많은 것을 얻었기 때문이다. 구원 받은 것이 복이요(엡 1:3–14), 목사로 부름 받은 것이 복이었다(딤전 1:12). 지금까지 만들어진 삶 자체가 공짜요 은혜였다(욥 1:21). 동도교회에서 떠난다 해도 잃을 게 전혀 없었다. 무익한 종은 항변이 없다(눅 17:11).

2005년 2월 어느 날 미국 뉴저지에서 시카고로 오는 중에 심장마비의 위기 속에서 죽다가 살아났다. 그러니 지금은 덤으로 사는 인생이다. 길이 막히면 또 열어 주시는 분이 여호와시다(계 3:17). 취하실 이도 여호와시요, 살리는 이도 여호와이시다(욥 1:21). 마음이 평안했다(빌 4:6–7). 오히려 찬양이 나왔다. 부족한 자를 사용하시는 주님에게 감사했다. 이런 고난을 당하게 하신 하나님께 감사했다. 오직 여호와 하나님만 의지했다(삼하 22:30).

"여호와여 주는 나의 등불이시니 여호와께서 나의 어둠을 밝히시리이다 내가 주를 의뢰하고 적진으로 달리며 내 하나님을 의지하고 성벽을 뛰어넘나이다"(삼하 22:29-30).

시련과 고난이 찾아올 때 주의 종이 자리에 연연하거나 집착하면 힘들어진다. 모든 것을 내려놓았다. 자리에 집착하지 않았다. 이곳을 나가면 주님께서 또 다른 길을 열어 주실 것이라 믿었다. 문을 열고 닫는 분이 여호와이시기 때문이다. 교회는 주님의 소유다. 종도 주님의 소유다. 모든 일이 하나님의 주권 속에서 진행되고 있음을 믿었다. 합력하여 선을 이루실 주님을 믿었다(롬 8:28). 그렇게 모든 것을 내려놓으니 한결 마음이 편해졌다. 사실 인생이란 것이 내가 붙잡는다고 다 붙잡을 수 있는 것이 아니지 않는가? 인생은 주님의 뜻하신 바 대로다(롬 11:36).

●5부●
하나님의 은혜

동도교회는 최근 몇 년간 불어 닥친 고난의 역사를 절대 잊지 말아야 한다. 이 고통과 환란의 역사를 자주 복기해야 한다. 하나님의 도우심과 은혜가 아니었다면 아직도 교회는 분쟁과 혼란 중에 있었을 것이다. 이 분쟁으로 인하여 교회는 피폐해 졌을 것이다. 그런데 웬 은혜요 웬 사랑인가? 조속하게 하나님께서 모든 문제를 해결해주시고, 정상화시켜 주셨다. 하나님 여호와께서 동도교회를 지켜 주시고 구원해 주시고 보호해 주셨다. 그 은혜와 사랑을 잊지 말고 늘 복기하며 감사하며 살아야 한다. 그럴 때 동도교회의 미래는 찬란할 것이다. 요셉 시대 칠 년 대 풍년의 역사가 지속될 것이다.

41
말씀과 성령

돌이켜 보면 정말 무엇인가에 이끌려 지금까지 온 것 같다. 말씀과 성령에 사로잡혀 온 것 같다. 그래서 그 힘들고 모진 시간을 통과할 수 있었다. 아무리 생각해도 하나님의 은혜다. 그 어느 것 하나에도 주님의 선한 손길이 닿지 않은 데가 없다. 성령께 이끌려 왔다. 기도와 말씀에 집중할 때마다 성령의 임재를 강하게 느꼈다. 중요 사안에 대해서 결단할 때도 마찬가지였다. 성령의 감동이 있었다. 십자가의 감동과 은혜도 있었다. 신앙의 여정은 기도와 말씀의 인도를 받아야 한다. 불기둥과 구름 기둥의 인도함이 오늘날에도 있어야 한다(출 13:21).

아버지와 신앙의 선진들이 그랬다. 고난의 순간에 십자가에서 흘러내리는 은혜를 사모했다. 죽으면 죽으리라는 순교적 신앙과 각오를 가지고 고난을 참고 인내했다(에 4:16). 반드시 좋은 날, 구원의 날이 올 것이라 믿고 인내했다. 오히려 시련을 기쁘게 여겼다(약 1:2). 사실 힘없는 약자가 할 수 있는 최선의 길은 믿음으로 참고 인내하는 것뿐이다. 때려도 웃어 주면 된다. 다시 일어서면 된다(잠

24:16). 그렇게 시련을 잘 참고 견디면 온전한 사람으로 세워진다(약 1:4).

모든 것을 내려놓고, 포기하고 싶었다. 그럴 때마다 성령의 도움을 구했다. 성경을 폈다. 하나님의 자비와 능력을 구했다. 그럴 때마다 하나님은 말씀을 통해 감동을 주셨다. 성령의 감동이었다. 무엇을 해야 할지 엎드려 기도할 때마다 지혜와 깨달음을 주셨다. 말씀을 통해서 위로하시고 용기와 소망을 주셨다. 감당할 수 있는 힘과 능력도 주셨다.

힘겨웠던 시간을 성령과 말씀과 동행하며 참고 인내했다. 고난 가운데 믿음으로 참은 욥과 선지자들을 본받아 인내했다(약 5:10, 11). 정말 주님께서 주시는 감동된 말씀이 없었다면 벌써 모든 것을 내려놓고 포기했을 것이다(시 119:92, 143). 말씀이 살렸고, 말씀이 인도했고, 말씀이 인내하게 했고, 말씀이 강하게 만들었다. 하나님의 은혜가 살렸다. 성령께서 붙들어주셨다. 이 은혜 때문에 지금까지 목회를 감당하고 있다.

"내가 환난 중에서 여호와께 아뢰며 나의 하나님께 아뢰었더니 그가 그의 성전에서 내 소리를 들이심이여 나의 부르짖음이 그의 귀에 들렸도다"(삼하 22:7).

지위와 자리를 탐하는 불순한 세력들과 교권주의자들이 힘을 합쳐 동도교회에서 쫓아내려 했다. 스스로 제 풀에 넘어져 나가길 원했다. 도저히 못하겠다고, 스스로 사임하길 원했다. 정말, 하나님이 지켜주지 않았다면 벌써 포기하고 넘어졌을 것이다. 아내와도 진지하게 사임을 논의했다. 특별히 마지막 면직의 위기 속에 있을 때였다. 이때는 교회가 교단을 탈퇴하려는 움직임 가운데 있었다. 이 순간에 차라리 사임하여 교회가 평안해진다면 그렇게 할 마음도 있었다.

그러나 성령께서 막으셨다. 끝까지 믿음으로 인내하고 참으라는 말씀으로 인도하셨다. 시카고 한적한 교외 지역에 살고 있던 나와 가족을 택하여 이억 만 리 태평양을 건너 동도교회로 인도하신 하나님의 선하신 계획과 뜻이 있을 것이라고 믿었다. 이 믿음으로 끝까지 참았다. 여호와께서 주신 인내와 끈기가 결국 승리하게 만들었다.

"여호와는 나의 반석이시요 나의 요새시요 나를 위하여 나를 건지시는 자시요 내가 피할 나의 반석의 하나님이시요 나의 방패시요 나의 구원의 뿔이시요 나의 높은 망대시요 그에게 파할 나의 피난처시요 나의 구원자시라 나를 폭력에서 구원하셨도다"(삼하 22:2–3).

동도교회에 부임한 첫 날부터 매일 기도와 말씀으로 성령의 인도하심을 구했다. 성령께서 목회의 전 여정을 인도해 달라고 새벽마다 구했다. 목양실에 내려와 늘 성경을 읽었다. 주저함 없이 하나님께서 다시 가라고 명하신 서울 땅은 은혜였다. 특히 당회를 운영할 때와 노회에 참석할 때 성령을 더욱 의지했다. 기가 막힐 고난을 잘 참고 견딜 수 있었다. 하나님이 보내셨기 때문에 책임져 주실 것이라 확신했다(롬 8:32). 이 믿음과 은혜가 수렁에 빠진 나를 지탱하도록 만들었다. 나와 가족을 향한 하나님의 선한 계획과 착한 일을 늘 묵상하려고 애썼다(빌 1:6). 의심 없이 확신했다. 그 많은 장애와 염려에도 불구하고 주저함 없이 다시 서울 땅을 밟은 것은 정말 한량없는 하나님의 은혜였다. 하루하루 목회 현장에서 견딜 수 있게 만든 버팀목이요 은혜였다. 그렇게 은혜의 힘으로 달려왔다.

42
전쟁은 여호와께

목양실에 다윗이 골리앗을 무찌르는 그림 한 점이 붙어 있다. 내가 좋아하는 그림 중 하나다. 무너진 땅, 뉴저지 때부터 소장하고 다녔다. 누가 미국서 선물로 준 것이다. 그곳에 이런 성구가 쓰여 있다.

"다윗이 블레셋 사람에게 이르되 너는 칼과 단창으로 내게 나아오거니와 나는 만군의 여호와의 이름 곧 네가 모욕하는 이스라엘 군대의 하나님의 이름으로 네게 나아가노라 오늘 여호와께서 너를 내 손에 넘기시리니 내가 너를 쳐서 네 목을 베고 블레셋 군대의 시체를 오늘 공중의 새와 땅의 들짐승에게 주어 온 땅으로 이스라엘에 하나님이 계신 줄 알게 하겠고 또 여호와의 구원하심이 칼과 창에 있지 아니함을 이 무리에게 알게 하리라 전쟁은 여호와께서 속한 것인즉 그가 너희를 우리 손에 넘기시리라"(삼상 17:45-47).

영전을 치르는 동안 이 액자를 보며 자주 이 말씀을 묵상했다. 이 믿음으로 참고 인내했다. 그랬더니 마침내 승리가 찾아왔다. 전쟁은 여호와께 속한 것이다. 항상 여호와 하나님을 의지해야지 힘센 사람을 의지하면 안 된다. 다윗은 칼과 창을 의지하지 않고 여호와를 의지했다. 칼 없이 승리했다. 그렇게 힘 있는 사람보다 여호와 하나님을 의지했다.

"이 하나님이 나를 위하여 보복하시고 민족들이 내게 복종하게 하시며 나를 원수에게서 이끌어 내시며 나를 대적하는 자 위에 나를 높이시고 나를 강포한 자에게서 건지시는도다"(삼하 22:48-49).

목회는 여호와만 전적으로 의지하는 것이다. 여호와의 말씀으로 하는 것이다. 이렇게 목회라는 항해의 키는 여호와의 말씀이다. 이 말씀을 붙잡는 것이 목회자의 임무다. 키에 따라 배의 방향과 목적지가 좌우된다. 그 키가 바로 여호와 하나님의 말씀이다. 말씀을 따라가는 교회가 바른 교회요, 바른 목회다. 말씀의 가치를 최우선으로 두고 따르는 곳이 바로 교회와 목회다.

교회가 자랑할 수 있는 것은 오직 하나, 십자가뿐이다. 십자가를 통한 승리뿐이다. 교회는 그리스도의 고난에 참여하는 것을 즐거워하고, 영광으로 여긴다(벧전 4:13). 교회의 머리이신 그리스도께서도 고난과 영광에 참여하셨기 때문이다. 고난의 상징인 그리스도의 십자가에 많은 진리가 담겨있다. 이 가운데 인내는 가장 빛나는 열매다. 그리스도의 인내는 신자의 진주 목걸이다. 이 목걸이를 걸고 있다면 어떤 시련도 견딜 수 있다.

"주께서 너희 마음을 인도하여 하나님의 사랑과 그리스도의 인내에 들어가게 하시기를 원하노라"(살후 3:5).

무슨 소리를 들어도, 어떤 수모를 당해도 그리스도를 생각하면 참고 견딜 수 있다. 정신병자라고 해도, 이단이라고 해도, 귀신들렸다고 해도, 악질이라고 해도, 무능하다고 해도 그리스도를 생각하면 다 참을 수 있다. 예수님도 미친 사람, 귀신들린 사람이라는 별 비난을 다 받으셨다(막 3:30). 하지만 다 참으셨다. 참는 사람 앞에 당할 재간이 없다. 참는 자에게 복이 임한다(약 5:1). 그러니 인생과 신앙 필승의 최고 덕목은 오래 참고 인내하는 것이다.

"그러므로 형제들아 주께서 강림하시기까지 길이 참으라 보라 농부가 땅에서 나는 귀한 열매를 바라고 길이 참아 이른 비와 늦은 비를 기다리나니 너희도 길이 참고 마음을 굳건하게 하라 주의 강림이 가까우니라 형제들아 서로 원망하지 말라 그리하여야 심판을 면하리라 보라 심판주가 문 밖에 서 계시니라 형제들아 주의 이름으로 말한 선지자들을 고난과 오래 참음의 본으로 삼으라 보라 인내하는 자를 우리가 복되다 하나니 너희가 욥의 인내를 들었고 주께서 주신 결말을 보았거니와 주는 가장 자비하시고 긍휼히 여기시는 이시니라"(약 5:7–11).

참으면 승리한다. 열매를 얻게 된다. 동도교회 부임하여 8년간 배운 교훈 중 가장 큰 것이 있다면 인내다. 부임하기 전 넘어지고 자빠지면서 배운 교훈도 그리스도의 인내였다(살후 3:5). 다시 일어서는 영적 맷집이다. 오뚝이와 같이 넘어져도 다시 일어서는 믿음이다. 넘어져도 일곱 번 다시 일어서는 믿음이다(잠 24:16). 넘어지면 다시 일어서면 된다. 이렇게 잘 참고 견딜 줄 예전에는 미처 몰랐다. 그 만큼 내 안에서 그리스도의 인내가 성숙되어 갔던 것이다. 고난을 통해 그리스도의 인내라는 선물을 얻었다.

엄밀히 말하면 약한 내가 참은 것이 아니다. 내 안에 살아 역사하시고 계시는 성령께서 약한 나를 도와 참게 한 것이다(갈 2:20). 믿음의 항해를 시작하면서 뉴저지, 시카고에서 겪은 여러 시련과 연단이 인내의 사람으로 거듭나게 만들었다. 하나님께서 동도교회에 청빙될 것을 미리 아시고 미국이라는 광야로 다시 보내어 연단하신 것이다. 사실 강남구에 있는 사랑의교회에서 동대문구에 있는 동도교회로 차를 타고 오면 30분밖에 걸리지 않는다. 그런데 인내의 연단을 위하여 7년 동안 미국의 두 도시를 경유하여 하나님께서 멀리 빙 돌리신 것이다. 연단시키신 것이다. 이렇게 하나님께서 멀리 빙 돌리신 데는 다 이유가 있다. 시간을 오래 *끄*는 데도 나름대로 다 이유가 있었다. 바로 연단 때문이었다. 부족함을 채우시려고 시간을 좀 더 지연시키신 것이다. 그러니 지연되는 것도 은혜다.

"그러므로 너희가 더욱 힘써 너희 믿음에 덕을, 덕에 지식을, 지식에 절제를, 절제에 인내를, 인내에 경건을, 경건에 형제 우애를, 형제 우애에 사랑을 더하라"(벧후 1:5-7).

사람은 연단을 통해 새로워진다. 연단 받지 않고는 더 귀하게 쓰임 받을 수 없다. 연단 받고 그 연단에 합격하면 귀하게 쓰임 받는다. 정금같이 쓰임 받는다(욥 23:10). 산이 높은 만큼 계곡도 깊다. 부러진 뼈가 붙을 때 더 굳고 단단해진다. 여호와의 징계를 받을 때, 여호와의 꾸지람을 받을 때 낙심하지 말아야 한다(히 12:5-6). 하나님은 사랑하는 자를 징계하며 연단하신다.

"그들은 잠시 자기의 뜻대로 우리를 징계하였거니와 오직 하나님은 우리의 유익을 위하여 그의 거룩하심에 참여하게 하시느니라 무릇 징계가 당시에는 즐거워 보이지 않고 슬퍼 보이나 후에 그로 말미암아 연단 받은 자들은 의와 평강의 열매를 맺느니라"(히 12:10-11).

하나님이 주시는 징계는 결국 의와 평강의 열매를 맺게 만든다(히 12:11). 뉴저지와 시카고에서 여호와의 징계와 꾸지람 받는 연단의 과정을 통해 인내의 열매를 맺어 다시 일어설 수 있는 영적 맷집이 강해졌다. 그 인내로 불같은 시험을 통과했다. 그렇지 않았다면 통과하지 못했을 것이다. 하나님의 섭리는 정말 위대하고 놀랍다. 우리의 생각을 뛰어 넘는다(사 55:8-9). 고난과 연단과 징계의 순간에 하나님의 섭리를 묵상한다면 모든 시련을 잘 견딜 수 있다. 의와 평강과 형통의 열매를 맺게 될 것이다.

43
탁월한 당회 리더십

　평양제일노회 제176회 1차 임시노회가 2015년 8월 7일 월요일 오전 10시 30분에 창의문교회에서 열렸다. 총대 장로님들과 함께 참석했다. 동도교회 현안을 마무리하기 위해서 가칭 평양제일노회에서 임시노회가 개최된 것이다. 감격스러웠다. 얼마나 참고 기다린 날인지 모른다. 2010년 10월 정기회 때 동서울노회에서 이 노회로 이명해 온 이후로 수차례 정기노회와 임시노회에 참석했지만 그동안 노회 참석하는 것이 힘겨웠고, 부담스러웠다. 특히 나와 동도교회 현안으로 얼마나 힘든 시간을 보냈는지 모른다. 끝날 것 같지 않던 일이 이렇게 매듭이 되니 감격스러웠다.

　교회 현안이 잘 해결될 수 있었던 것은 온 교우들이 하나 되었기 때문이다. 무엇보다 당회의 탁월한 지도력 때문이다. 2012년 12월 25일 성탄절에 노회 내 어느 유력 인사를 불법으로 동도교회 임시노회장으로 파송했다. 이후부터 노회임원회와 분쟁이 시작되었다.

　당회 총무위원들이 참으로 많은 지혜를 주었다. "목사님, 소 힘줄처럼 질겨야 합니다. 교회 정치는 서커스입니다. 무슨 일이 있어도 교회와 노회 앞에 힘들어서 사임하겠다는 말은 절대 입 밖에 내지 마세요. 주일설교 시 교회 현안에 대한 설교도 절대 하지 마세요." 등 여러 가지 조언을 많이 해 주셨다. 그리고 그 다음 바통을 이어받은 총무위원들의 리더십도 탁월했다. 이렇게 총무위원들을 비롯한 전 당회원의 탁월하고 지혜로운 지도력 때문에 어려운 교회 현안이 잘 해결될 수 있었다. 그래서 어떤 때는 장로님들이 너무나 지혜롭게 일을 잘 처리하셔서 총회와 나라를 맡겨도 잘 감당할 수 있을 것 같다는 생각을 한 적도 있었다.

당회는 언제나 치밀한 계획을 세웠다. 항상 상대보다 한 발짝 앞서갔다. 어떤 때는 서너 발짝 앞서 나갔다. 소송 전도 마찬가지였다. 이렇게 탁월한 지략과 전략에 적잖은 감동을 받았다. 아마 이것이 교회가 엄청난 시련을 극복하고 승리를 거둘 수 있었던 결정적 원인이라고 생각한다. 고수들이 두는 바둑은 한 수가 치명적이다. 그런데 당회는 몇 수를 내다보면서 두었다. 타이밍을 놓치지 않았다. 또 결단의 순간에는 주저하지 않았다. 모든 면에서 한 발 앞서갔다. 당회는 행정체계를 간소화했다. 탄력적으로 운영했다. 이것이 결국 영전에서 승리를 이끌 수 있었던 원동력이었다.

44
영적 전우애

전투를 함께 치르면 전우애가 생긴다. 교회의 영전도 마찬가지다. 몇 해 동안 영적 전쟁을 치르니 당회원은 모두 전우가 되었다. 시무장로뿐만 아니라 원로, 은퇴장로 모두가 전우가 되었다. 원로 은퇴장로님의 경험과 지략도 많은 도움이 되었다. 장로회의 신, 구조화가 영전에 큰 보탬이 되었다. 원로 은퇴장로님들은 산전수전 다 겪은 분들이다. 그 누구보다 지혜와 경험이 탁월하다. 다양한 경험과 지혜가 녹아져 각 사안에 대한 지혜가 쏟아졌다. 왜 노인의 지혜를 존중해야 하는지를 뼈저리게 느꼈다(잠 16:31).

이 전우애는 장로뿐만 아니었다. 안수집사회와 권사회도 마찬가지였다. 어린 영 유아에 이르기까지 전 교우가 고난의 행군을 하는 동안 영적 전우애가 생겼다. 온 성도가 한 마음 한 뜻으로 교회의 어려움을 함께 극복했다. 《손자병법》에 "장수로부터 말단 병사까지 그 원하는 바가 같아야만 이긴다"는 말이 있다. 그렇게 우리 온 교우는 하나가 되었다

주일예배 후에 현안 보고도 하고, 공동의회도 참 많이 했다. 중요한 결정이 여러 차례 있었다. 이럴 때마다 공동의회가 개최되었기 때문이다. 사실 공동의회가 성도의 입장에서는 굉장히 불편한 일이다. 일반적으로 연말 예결산 심의를 위하여 한 번 하는 것이 공동의회다. 그런데 영전에서는 자주 공동의회를 개최했다. 공동의회뿐만 아니다. 각 기관과 부서별로 교회 현안에 대한 설명회도 참 많이 열었다. 의사소통이 무엇보다 중요하기 때문이다.

영전이 시작되면 비방과 거짓이 난무한다. 사실에 입각한 객관적 정보를 접하지 못하도록 많은 방해가 있다. 유언비어도 난무한다. 이에 당회는 전 기관과 부서에 객관적이고 정확하고 바른 소식을 전하기 위해 힘을 썼다. 소통에 최선을 다했다. 교우들은 불평하지 않았다. 온 교우가 교회 사랑으로 그 많은 불편함을 기쁨으로 감수했다. 예수님 사랑, 교회 사랑으로 한 마음이 되었다. 전 교인이 교회 사랑으로 한 마음이 된다면 어떤 어려움도 이길 수 있다. 동도교회에서 목회하는 것이 자랑스러웠다. 동도교회 교우들은 일당 백, 일당 천을 감당하는 용맹스러운 용사였다.

45
유비무환

영전(靈戰)은 사사 시대에만 존재하지 않는다. 광야시대, 왕정시대와 같이 모든 시대마다 존재한다. 각 시대마다 다양한 영전이 있었다. 이처럼 신약시대 교회도 다양한 영전을 치러야 한다. 지상교회의 현실이다. 지금도 사탄 마귀는 지상교회를 끊임없이 공격한다. 영전은 교회가 사탄 마귀와 악한 영들과 악한 영적 세력과 권세들을 대적해야 하는 끝없는 싸움이다(엡 6:10-20). 사탄은 어떻게 하든지 수단 방법을 가리지 않고 교회를 허물려고 한다. 교회를 허무는 마귀와 음부의 권세는 지금도 호시탐탐 우는 사자처럼 두루 살핀다. 교회를 해하려는 불평 불만분자들과 연합하여 거룩한 주님의 교회를 허문다. 이것을 예견하여 성경은 영전 승리의 비책을 제시하고 있다.

한국 교회는 이제 부흥과 성장의 시대를 지나 침체기와 분쟁의 시대를 맞고 있다. 교회의 재정도, 교세도 점점 줄고 있다. 전도도 예전 같지 않다. 무엇보다 교회를 공격하는 세력이 많아지고 있다. 안티 기독 세력들이 늘고 있고, 다양해지고 있다. 지역교회는 어느 때보다 영전에 대비해야 한다. 교회마다 위기관리대응 팀을 운영해야 한다. 2018년이면 종교기관에도 종교인 납세가 실시된다고 한다. 이제는 방어적 목회시대다. 투명한 목회를 해야 한다. 흠 잡히지 않도록 교회의 도덕적 수준도 높여야 한다. 원칙과 시스템을 만들어 교회를 투명하게 운영해야 한다. 정관에 입각한 보호적 목회를 해야 한다. 예전처럼 주먹구구식으로 목회하는 시대는 지났다.

유비무환의 신앙만이 영적 전쟁에서 교회를 지킬 수 있다. 그렇지 않으면 언제든지 교회는 심각한 어려움에 봉착하게 된다. 세우는 것은 힘들지만 무너지는 것은 한순간이다. 교회를 허무는 마귀와 그 세력은 교회 안과 밖에 언제나 공존한다. 예수님을 죽이기 위해 이들 세력은 헤롯과 빌라도가 하나가 된 것처럼 그렇게 합세할 것이다. 외부의 적도 있지만, 내부의 적도 있다. 교회를 허물기 위해 음부의 권세가 언제 공격해올지 모른다. 그렇기 때문에 항상 유비무환의 신앙 태세를 갖추고 있어야 한다. 어느 성경보다 느헤미야가 이 모습을 아주 잘 그려내고 있다. 그래서 난 느헤미야서를 구약의 목회서라고 부르고 싶다.

46
영적 싸움

　20세기 위대한 기독교 학자이면서 저술가인 씨 에스 루이스(C. S. Lewis)가 쓴 《스크루테이프의 편지》라는 책이 있다. 이 책은 삼촌 악마인 스크루테이프가 조카이자 신참 악마인 웜우드에게 보낸 서른한 통의 편지로 구성되어 있다. 쉽게 말하면 악마 제자훈련 지침서다. 신참 악마이자, 조카 웜우드 악마가 삼촌 악마인 스크루테이프에게 기독교인을 넘어뜨리는 방법에 대해서 자문을 구한다. 이에 삼촌 악마인 스크루테이프가 이에 대한 답변을 편지로 써 보낸다. 책을 읽다 보면, '환자'라는 말이 나온다. 이 책에서 '환자'는 각각의 악마들이 맡은 사람이다. 한 사람에게 악마가 하나씩 배치되어 있다. 그래서 악마는 자신이 담당하고 있는 환자를 지옥까지 데리고 가야 한다. 그것이 악마의 사명이다. 그런데 이 환자 중에 예수 믿고 기독교인이 된 자들이 많아 악마들이 골머리를 앓는다. 이에 신참 조카 악마인 웜우드는 삼촌 악마 스크루테이프에게 기독교인을 넘어뜨리는 방법을 묻게 된 것이다.

　먼저 삼촌 악마는 환자가 기독교인이 된 것을 아주 불쾌해 하면서 기독교인을 넘어뜨리는 여러 가지 방법을 31편의 편지를 통해서 가르쳐 준다. 그 방법은 다양하다.

'거짓말하도록 유혹하라, 성적 유혹에 잘 넘어지니 무엇보다 성적으로 계속 유혹하라, 지적인 허영심을 갖도록 유혹하라, 사회적인 야심을 갖도록 유혹하라, 탐식하도록 유혹하라, 내가 주인이라는 생각을 가지도록 유혹하라, 절망과 공포를 느끼게 유혹하라, 파당을 만들도록 조장하고 유혹하라, 감정적 기복이 심하도록 부추기고 유혹하라, 술을 즐겨 마시도록 유혹하라, 풍요로움에 빠지도록 유혹하라, 증오심을 가지도록 유혹하라.'

이런 다양한 방법을 가르쳐 주면서 기독교인들을 넘어지게 만들어 원래대로 악마의 환자가 되도록 끌어오라고 조언한다. 이 외에도 마귀는 신자에게 고난을 주고, 빼앗고, 방해하고, 박해한다. 이것을 통해서 신앙을 포기하도록 하고, 영적으로 무기력해지고, 나태하게 만들고, 파괴시키도록 유혹한다.

20세기 영국의 위대한 설교가인 로이드 존스 목사는 현대교회를 향하여 다음과 같은 충고의 말을 잊지 않는다.

"나는 오늘날 교회가 부실하게 된 주된 원인 중 하나는 마귀를 잊어버리고 있기 때문이라고 확신한다. 우리는 모든 것을 우리 탓으로 돌린다. 우리는 모두 너무 심리학적인 태도와 생각을 지닌다. 우리는 이 객관적인 사실, 마귀, 적, 참소자의 존재, 실존, 그리고 그의 '불화살'을 알지 못한다."

교회가 마귀의 존재를 망각하게 되었다는 것이다. 마귀의 존재를 잊고 산다는 것이다. 그래서 오늘날의 교회가 부실해졌다고, 힘이 없어졌다고, 무능해졌다고 진단한다. 우리 모두가 귀담아 들어야 할 말이다.

마귀는 성경에서 '사탄'으로도 불린다. 대적자라는 뜻이다. 사탄은 하나님과 그분께 속한 모든 자를 대적한다. 이 밖에도 성경은 마귀를 '시험하는 자'(마 4:3; 살전 3:5), '아볼루온'(파괴자, 계 9:11), '악'(마 6:13), '용'(계 12:3), '옛 뱀'(계 20:2), '우는 사자'(벧전 5:8) 등으로 다양하게 불린다. 이는 마귀가 간교하고 사납고 위험한 원수라는 것을 암시하는 것이다. 바울은 다른 자신의 서신에서 마귀를 '이 세상의 신'(고후 4:4), '공중의 권세 잡은 자'(엡 2:2)라고 불렀고, 예수님은 '살인한 자', '거짓말쟁이', '이 세상 임금'(요 12:31, 16:11)으로 일컬으셨다. 이런 명칭은 마귀가 세상에서 얼마나 강력하고 교활하게 활동하고 있는지를 여실히 보여준다. (《영적 싸움》, 브라이언 보그먼, 롭 벤푸라 지음. pp. 55-56)

동도교회에 부임한 후 가장 먼저 한 일은 무너진 기도의 제단을 다시 수축하는 일이었다. 교우들이 스스로 그 동안 기도가 많이 약해졌다고 했다. 나도 그것을 느꼈다. 그래서 교육관에서 드리던 금요기도회를 본당에서 드렸다. 찬양팀을 새로 조직했다. 특히 찬양밴드에 예산을 투입했다. 찬양이 살아야 교회가 살기 때문이다. 이를 위해 찬양팀이 참으로 중요하다. 기도와 찬양으로 교회가 전진하면 마귀가 한 길로 왔다가 천 길로 도망간다. 이후 다양한 기도회를 실시했다. 새벽제단에 생명을 걸었다.

누구보다 성령 하나님을 의지했다. 위기다 싶으면 특별새벽기도회를 실시했다. 그리고 나중에는 월, 화, 토 주중 저녁기도회도 신설하여 부교역자들에게 인도하도록 했다. 중보기도 세미나를 수료한 헌신된 중보기도자도 많이 배출했다. 무엇보다 화요일 오전마다 200여 명의 권사님들이 모여 매 주일 교회를 위해 중보기도 한다. 기도 특공대다. 기도의 영성과 역량을 배가시켰다. 동도교회는 기도의 저력을 가지고 있다. 천마산 기도원이 그냥 존재하는 것이 아니다. 이 천마산 기도원에서 갈고 닦은 기도의 저력 때문에 기도의 불길은 금방 타올랐다. 부임한 후에 주일 강단설교와 제자훈련에 집중했다. 주일 강단에서는 교회를 영적으로 새롭게 하기 위해서 첫 해에 느헤미야서를 1년 간 전했다. 다음 해에 제자훈련을 네 반(班) 인도했다. 그렇게 말씀과 훈련에 집중했다.

47
하나님의 섭리

지금 생각해보면 이 모든 것이 하나님의 섭리와 은혜였던 것 같다. 만약 나와 교회가 아무런 준비 없이 영적 싸움을 맞이했다면 대패했을 것이다. 무엇보다 동도교회에 부임하기 전 약 7년 간 미국이라는 광야에서 연단 받지 않았다면 나부터 넘어지고 포기했을 것이다. 이로 인해 교회는 막대한 손실을 입었을 것이다. 교회가 공중분해되든지, 반쪽 날 수도 있었을 것이다. 그런데 하나님께서 이 영전을 미리 예상하시고 나와 동도교회를 기도와 말씀으로 무장시키신 것이다. 이것을 생각할 때마다 감사한 것뿐이다.

신기한 것은 동도교회에서의 이런 목회적 시련을 시카고에서 어느 정도 예감했다는 것이다. 당시 시카고에서 섬겼던 교회도 엄청난 영적 전쟁을 치렀다. 이 영전이 교훈이 되었다. 반면교사가 되었다. 동도교회에 뜻하지 않게 엄청난 교회적 시련이 닥치자 대다수의 교우는 하나님의 전신 갑주로 중무장했다. 무엇보다 기도와 말씀에 집중하고 믿음으로 무장했다. 밤낮 쉬지 않고 모여 기도에 전념했다. 나는 설교 준비와 제자훈련에 집중했다. 훈련과 설교를 준비하면서 은혜를 받았다. 그 받은 은혜의 힘으로 버텼다.

2012년에는 제자훈련을 주 중에 네 반이나 담당했다. 너무 무리를 해서 그런지 지압원을 운영하는 교회 남자 원장 집사님에게 치료를 몇 번 받은 적이 있었다. 그랬더니 모 장로가 퇴폐 안마 이발소에 다닌다는 거짓 소문을 퍼뜨린 것이다. 또 담임목사가 자기 사람을 만들기 위해 목양실에 사람들을 모아 놓고 이상한 사설 성경공부를 한다고 악성 루머도 퍼뜨렸다. 이뿐 아니다. 어떤 장로는 미국서부터 정신질환 약을 복용했다는 거짓 소문을 퍼뜨렸다. 참 어처구니가 없었다. 누구보다 이 분들이 앞장서서 목회를 대적했다. 그래도 눈 딱 감고, 온전히 제자훈련에 집중했다. 느헤미야 강해설교로 주일 강단 사역에 집중했다.

담임목사에 대한 거짓 소문과 악성 루머는 마귀가 영전에서 흔히 사용하는 공격 방법이다. 담임목사의 영적 권위를 무너뜨리기에 가장 효과가 있고 늘 있는 방법이다. 담임목회자에 대한 사탄 마귀의 영적 공격은 상상을 초월한다. 그렇기 때문에 항상 교회와 성도는 누구보다 담임목회자를 위해 늘 중보기도 해야 한다. 담임목사가 영적으로 강건해야 교회도 강건할 수 있다. 또한 언제든지 유비무환의 자세를 견지하면서 영전에 대비해야 한다. 사탄 마귀가 어떠한 방법과 통로를 통해서 교회를 공격해 올지 아무도 모르기 때문이다. 중요한 것은 우는 사자와 같이 지금도 사탄 마귀는 교회를 무너뜨리기 위해 호시탐탐 노리고 있다는 것이다. 틈만 나면 여지없이 공격한다. 그러므로 항상 영적 경각심을 가지고 있어야 한다. 영적인 센스를 가지고 신앙생활 해야 한다.

48
공격대상 1호

누구보다 마귀의 공격대상 1호는 지교회의 담임목사다. 담임목사가 무너지면 교회는 쉽게 무너진다. 체스에서 왕을 잡으면 게임이 끝나는 것과 똑같은 원리이다. 마귀는 치밀하고, 머리가 비상하다. 뱀 같은 지혜와 트릭으로 유혹하고 접근한다. 양의 탈을 쓰고 접근한다. 사탄 마귀의 공격 방법은 다양하다. 이렇게 늘 마귀는 담임목회자에게 불화살을 쏜다. 그렇기 때문에 담임목회자는 항상 영적으로 깨어 있어야 한다. 누구보다 영적 분별력이 뛰어나야 한다. 영적으로 민감해야 한다. 담임목사 다음으로 마귀의 공격 대상은 당회원과 부교역자다. 마귀는 당회원과 부교역자들의 분열을 조장한다. 이들 교회 지도자 중에 한 사람이라도 사탄의 유혹에 넘어가면 많은 성도들이 시험에 들고 교회는 분열된다.

이렇게 사탄 마귀는 교회의 지도자를 공격 대상 최우선순위에 놓는다. 이런 면에서 담임목사, 당회원, 그리고 부교역자는 영적으로 늘 깨어 있어야 한다. 누구보다 기도를 많이 하고 말씀으로 무장해야 한다(엡 6:11). 그리고 마귀의 간계는 대적해야 한다. 대적한다는 말은 '자신의 위치를 고수'하는 것이다. 어떠한 어려움과 거센 공격이 올지라도 그 자리를 끝까지 버티고 지키는 것이다. 이렇게 사탄의 공격과 간계는 적극적으로 대적해야 한다. '간계'라는 말은 헬라어로 '메토디아'다. 이 말에서 'method'라는 영어가 유래되었다. 이렇게 간계는 '속일 의도로 교묘한 계획을 세우는 것'이다. 이는 맹수가 먹이를 은밀히 사냥할 때 달려드는 모습이다.

이렇게 사탄 마귀는 여러 통로를 통해서 담임목사를 비방하고 위협한다. 느헤미야 총독을 향해 주변 나라의 총독들과 이들과 내통하는 적들이 그랬던 것과 똑같다. 이렇게 공격하고 압박하여 스스로 물러나게 만든다. 이것이 사탄의 전력이다. 사탄의 간계는 상상을 초월한다. 사탄은 교회에 고난을 주고(욥 1:6-11), 방해하고(살전 2:8), 빼앗고(마 13:19), 유혹하고(마 4:1), 또 방해한다(계 2:10, 12:13). 분노, 성적 범죄, 교만을 부추긴다.

이런 점에서 담임목사는 공격의 빌미를 제공하지 않도록 항상 조심해야 한다. 흠 잡히는 일이 없도록 행위에 늘 조심해야 한다. 방어적 목회에도 신경을 써야 한다. 예방 목회에도 신경을 써야 한다. 너무 지쳐서 침체되지 않도록 자기 관리에도 힘써야 한다. 무엇보다 영성과 경건생활에 힘써야 한다(딤전 4:7). 담임목사도 육신의 연약함을 가지고 있다. 서로 중보하며 함께 기도하는 모임도 필요하다. 신뢰할 수 있는 교우들에게 중보기도를 부탁해야 한다. 마음을 나눌 수 있는 목회자의 소그룹이 있어야 한다. 이런 다양한 기도모임이 영전에 큰 도움을 준다. 친교 모임이 큰 위로를 준다.

영전이 시작되면서 마음 편한 친구 목회자들과 자주 모임을 가졌다. 기도를 당부하고, 지혜를 구했다. 식탁 교제를 하면서 스트레스를 풀었다. 그랬더니 마음이 훨씬 편해지고 가벼워졌다. 스트레스도 많이 풀렸다. 과로로 병원에 며칠 입원해 있을 때도 친구 목사님들이 찾아와 위로해 주었다. 혜화동 여전도회관에서 노회임원회에서 정신병자로 몰아 면직시키려고 할 때도 친구 목사님들이 찾아와 응원해주고 격려해주었다. 그리고 어려울 때 직접 교회를 찾아와 격려를 해 주었다. 기도회도 인도해 주었다. 참 많은 동료 친구 목사님이 나와 동도교회를 위해 기도해주고, 위로해 주고, 힘을 실어주었다. 굉장한 힘과 위로가 되었다. 지금도 이분들과 정기적으로 만나며 교제한다.

아무리 유능하고 탁월한 목사라도 혼자서는 영전을 감당할 수 없다. 팀이 있어야 하고, 연합전선을 구축해야 한다. 친구나 선배 목회자들과 함께 지혜를 모아 협력하고 대처해야 한다. 노회 안에 있는 동료 선후배 목사님들과 함께 힘을 모아야 한다. 그래야 영전에서 승리할 수 있다. 목회에도 독불장군은 없다. 자신의 실력만 믿고 혼자서 뛸 때는 위험하다. 자기 실력만 믿고 노회와 동료에 대해 무관심하다가 큰 낭패와 실패를 한 목회자들도 있다. 감독자도 필요하다. 이렇게 노회 안에서 만난 목사님들과 동료들이 큰 힘이 되었다. 위로해 주고, 용기를 심어주고, 지혜를 주고, 변호까지 맡아주었다. 내가 할 수 없는 부분들을 기꺼이 대신 도와 주셨다. 지금 생각해 보면 너무 고맙고 감사한 일이다.

고인이 된 어느 권사님을 잊지 못한다. 혜화동 여전도회관에 정신병자로 노회에 고소당한 담임목사를 살리겠다면서 많은 교우들이 달려왔다. 당시 권사님의 연세가 구십이었다. 누구보다 앞장서서 노회총대들에게 동도교회 담임목사는 건강한 목사라고 하면서 회관 입구에서 노회 총대들의 손을 일일이 붙잡고 간절히 호소했다. 몸이 연약하여 돌아가시기 전까지 나와 교회를 위해 많은 걱정을 했다. 자주 비타민과 우루사를 사 주셨다. 항상 건강을 챙기라고 하셨다. 그리고 2013년 8월 말에 소천하셨다. 이렇게 고령의 많은 권사님들이 솔선수범하여 담임목사를 돕고 교회를 지켰다.

나중에 이 날 노회장소 바깥에서 일어난 영상물을 보게 되었다. 많은 권사님들이 로비 바닥에 앉아서 노회가 마칠 때까지 중보하며 기도해 주셨다. 참으로 눈물 나는 광경이었다. 연로하신 권사님 수백 명이 오셔서 바닥에 주저앉아 나와 교회를 위해 임시노회가 마칠 때까지 중보기도 해주신 것이다. 이단으로 몰려 노회재판을 받을 때도 똑같았다. 재판 받는 날마다 자원하여 권사님들이 본당에 모여서 중보기도를 했다. 기도회 광경을 사진으로 찍어 보내주면서 힘을 실어주고 격려해 주었다. 그러므로 나는 권사회를 사랑하지 않을 수 없다.

목회자는 성도의 사랑을 먹고 산다. 이 사랑과 관심 때문에 힘겨운 시간을 잘 통과했다. 혼자 힘으로 버텼다면 얼마 가지 못했을 것이다. 성도들의 전폭적인 도움과 기도와 사랑이 있었기 때문에 영전의 승리가 가능했다. 이 사랑 때문에 더욱 목회에 매진하려고 힘쓰고 있다. 누군가 "훌륭한 목회자는 교인들이 만드는 것이라"고 했다. 그렇게 성도들의 사랑을 많이 받았다.

49
노회복귀와 원인무효

2015년 10월 14일 제177회 평양제일노회가 동도교회에서 개최되었다. 잊지 못할 날이다. 총회 인준을 받고 분립된 후 열린 첫 노회였다. 너무 감사하고 기뻐서 동도교회는 최선과 기쁨을 다하여 노회를 준비했다. 반가운 분들이 많이 참석해 주었다. 이 가을 정기노회에서 나의 모든 문제가 노회원의 만장일치로 '원인무효' 되었다. 노회의 정회원으로 복귀하게 된 것이다. 참으로 감격스러웠다. 이날 노회석상에서 "모든 것을 하나님의 섭리로 생각하고 더욱 하나님께 영광 돌리는 목회를 하겠다"는 소회를 밝혔다. 다음 날 인터넷 기독 신문에 나와 제177회 평양제일노회 정기회에 대한 기사가 실렸다(관련내용 참고: 리폼드뉴스 기사: '동도교회(옥광석 목사) 갈등과 분쟁, 최종적으로 종식되다', 2015-07-23).

"대한예수교장로회 동도교회 옥광석 목사의 면직과 관련된 모든 문제가 최종적으로 일단락됐다. 이는 평양제일노회 제177회 정기회에서 옥광석 목사의 판결에 대해 노회 직결로 원인무효화 판결을 하였다. 분립 전 평양노회가 옥광석 목사에 대해 면직처분을 내리자 당사자인 옥광석 목사가 총회에 상소한 건에 대해 총회는 환부결정을 했다. 환부란 총회임원회가 법원에 제출한 소명자료에서 '파기환부'로 해석하여 제출한바 있다. 총회가 노회에 파기환부하자 이번에 옥광석 목사가 소속하고 있는 평양제일노회가 총회의 환부를 통보 받아 옥광석 목사에 대한 면직 판결에 대해 행정치리회를 재판회로 변경하여 노회 직할로 원인무효 판결처분을 하였다. 이로써 행정적으로 동도교회의 옥광석 목사에 대한 모든 문제가 법적으로 깨끗하게 처리됐다. 제100회 총회에서 평양노회가 평양제일노회와 분립이 결정되어 이번 평양제일노회는 동도교회에서 소집된 제177회 가을 정기회에서 관련 안건을 처리하면서 목사안수식과 노회 창립 90주년 기념 감사예배 및 노회 소속 김선규 목사의 총회 부총회상 당선 감사예배를 드렸다."(2015-10-12.리폼드뉴스 기사).

2015년 10월 동도교회에서 막을 내린 제177회 평양제일노회로 동도교회의 모든 현안이 법적으로 완전히 종결되었다. 너무 감격스럽고 기뻤다. 총회장까지 배출하게 되었으니 노회의 경사였다. 이 날 저녁 교회 부임한 이후에 처음으로 두 다리 뻗고 맘 편히 잘 수 있었다. 이 날이 동도교회 부임 만 5년이 되는 날이어서 더욱 감회가 새로웠다. 만 5년 만에 긴 터널을 통과하여 빛을 보게 된 것이다. 만 5년이란 긴 터널을 통과하게 하신 하나님께 무한 영광 감사 올려드린다. 하나님께서 친히 집도하신 영적 수술은 이렇게 막이 내렸다.

이제 수술이 끝났으니 회복실에서 몸을 추슬러야 한다. 그리고 재도약을 위해 재충전 시간을 가져야 한다. 지난 날 잃은 것보다 더 크고 귀한 것 주실 줄 믿고 하나님 여호와를 더욱 의지할 것이다. 다시 얻은 평안과 화목을 소중한 목회적 가치로 여기며 목회할 것이다. 평안하여 든든하게 서 가는 하나님의 교회를 꿈꾸며 목회할 것이다. 복음을 통해 꿈과 희망과 행복을 주는 교회를 꿈꾸며 목회할 것이다. 하나님을 경외함과 성령의 위로함이 가득 찬 교회를 꿈꾸며 목회할 것이다. 평안하고 신나는 교회, 기도와 찬양이 끊이지 않는 교회, 천국같이 행복한 교회, 서로 돕고 사랑하고 섬기는 그런 축복 된 교회를 꿈꾸며 목회할 것이다.

50
하나님의 은혜

　동도교회는 지난 몇 년간 불어 닥친 고난의 역사를 절대 잊지 말아야 한다. 이 고통과 환란의 역사를 자주 복기해야 한다. 하나님의 도우심과 은혜가 아니었다면 아직도 교회는 분쟁과 혼란 중에 있었을 것이다. 이 분쟁으로 인하여 교회는 피폐해졌을 것이다. 그런데 웬 은혜요 웬 사랑인가? 조속하게 하나님께서 모든 문제를 해결해주시고, 정상화시켜 주셨다. 하나님 여호와께서 동도교회를 지켜주시고 구원해 주시고 보호해 주셨다. 그 은혜와 사랑을 잊지 말고 늘 복기하며 감사하며 살아야 한다. 그럴 때 동도교회의 미래는 찬란할 것이다. 요셉 시대 칠 년 대풍년의 역사가 지속될 것이다.

　지금 교회가 얼마나 평화롭고 화목한지 모른다. 이 평화와 화목을 되찾기 위하여 그동안 혹독한 대가를 치러야 했다. 다시는 이런 가슴 아픈 일이 재현되지 말아야 한다. 이번 한 번으로 족하다. 역사의 교훈으로 삼아야 한다. 그런데 어떠한가? 사람들은 곧잘 잊어버린다. 언제 그런 일이 있었냐고 쉽게 잊는다. 그러나 절대 잊지 말아야 한다. 아픔과 고난의 역사를 잊지 말아야 한다. 자주 복기해야 한다. 복기하면서 감사해야 한다. 겸손해야 한다. 교회의 화목과 평화를 깨는 일은 이제 절대 없어야 한다. 첫째도 화목이요, 둘째도 화목이요, 셋째도 화목이다. 화목이 가장 소중한 가치다. 일보다 사람이 중요하다. 사람이 다치면 안 된다. 사람이 상처를 입어도 안 된다. 교회 성장과 속도보다 교회의 평화와 화목이 더 소중하고 한 사람이 더 중요하다.

무엇보다 복음 안에서 하나 되어야 한다. 하나 되어야 전진하고, 하나 되지 않으면 전진하지 않을 것이다. 예수님은 평화를 위해서 이 땅에 오셨다. 그리고 십자가에 매달려 죽으신 것이다. 하나님과 인간의 평화, 사람과 사람 사이의 평화를 위해서 예수님은 화목제물이 되어 주셨다. 이것이 바로 주님께서 피 값으로 세우신 공동체인 교회가 추구해야 할 최상의 가치다.

"모든 것이 하나님에게서 났으며 그가 그리스도로 말미암아 우리를 자기와 화목하게 하시고 또 우리에게 화목하게 하는 직분을 주셨으니"(고후 5:18).
"할 수 있거든 너희로서는 모든 사람과 더불어 화목하라"(롬 12:18).
"그들의 역사로 말미암아 사랑 안에서 가장 귀히 여기며 너희끼리 화목하라 또 형제들아 너희를 권면하노니 게으른 자를 권계하며 마음이 약한 자를 격려하고 힘이 없는 자들을 붙들어 주며 모든 사람에게 오래 참으라 삼가 누가 누구에게든지 악으로 악을 갚지 말게 하고 서로 대하든지 모든 사람을 대하든지 항상 선을 따르라"(살전 5:13-15).

교회는 그리스도의 평화와 화목을 추구하는 공동체다. 교회는 시대의 평화의 사도다. 그렇게 교회가 평화롭고 화목해야 하나님의 은혜가 머문다. 지금 우리가 누리고 있는 교회 안에서 평화와 화목에 다시 한 번 감사하며 그 은혜를 영원히 간직해야 한다.

세계 2차 대전 당시 독일의 아돌프 히틀러가 600만 명의 유대인을 집단 학살했다. 인간으로서는 도저히 할 짓이 아니다. 예루살렘에 가면 이 홀로코스트의 아픈 역사를 간직하기 위해서 유대인들의 학살기념관이 있다. 독일 나치에 의해서 600만 명이 희생을 당했다. 이스라엘은 이 아픔의 역사를 잊지 않기 위해서 검은 색으로 건물을 지었다. 수난의 역사를 증언하기 위해서였다. 그곳에 가 보면 당시의 상황이 정말 얼마나 비참했는지 알 수 있다고 한다. 그리고 다른 건물이 하나 있는데, 그것을 '기억의 장막'이라고 부른다. 이곳에는 유대인들이 갇혔던 22개 수용소의 이름이 하나하나 다 기록되어 있다. 예를 들면 아우슈비츠, 부헨발트, 트레블링카 등의 지역 이름이 하나씩 다 기록되어 있다. 이 기억의 장막을 다 돌아보고 나가는 자리에 이런 글귀가 적혀 있다고 한다.

"망각은 파멸을 가지고 오지만 기억은 구원의 기적이다. 그 아픈 과거의 역사를 다 보면서 나갈 때 잊어버리면 너는 파멸이다. 그러나 그 아픈 과거를 기억하면 너는 앞으로 구원을 받을 것이다."
'망각은 파멸이지만, 기억은 구원의 기적이다.'

그렇게 구원의 기적을 날마다 경험하기 위해서 나와 동도교회도 영원히 지난 고난의 시간들을 쉽게 잊지 말고 생생히 기억해야 한다.

글을 마치면서

언제나 늘 그랬듯이 글 쓰는 작업은 힘겨운 노동이다. 글을 쓰는 지금도 허리가 아프고, 온 몸이 쑤신다. 그래서 일어서서 글을 쓸 수 있는 도구도 마련했다. 앉아서 글을 쓰다가 힘들 때면 서서 글을 썼다. 한결 편하다. 그래도 힘들 때면 좀 쉬면서 걷기도 하고 교회를 한 번 죽 둘러보기도 했다.

나는 전문 작가가 아니다. 기획하고 글을 쓰지는 않는다. 받은 은혜가 있고, 감동이 되면 글을 쓴다. 시간 날 때마다 사건과 생각을 정리하여 정리해 둔다. 그러다 보니 또 책 한 권을 출판할 분량이 되었다. 50편의 글로 정리하여 출판한다.

동도교회에 부임한 지 올해로 8년째다. 1차 안식년을 갖는 해다. 한 달간 당회의 허락을 받아 재충전의 시간으로 갖는다. 그리고 이제 8월이면 세 자녀가 모두 곁을 떠난다. 그렇게 되면 아내와 단둘만 집에 남는다. 그러면 글 쓰는 작업에 더 집중할 수 있을 것 같다. 글쓰기는 일종의 놀이요 유희다. 재미다. 평생 글 쓰는 재미로 살아가련다. 좋은 글을 쓰려면 다독을 해야 한다. 만 권 정도를 읽어야 제대로 된 글을 쓸 수 있다고 한다. 독서에도 좀 더 집중하려 한다. 여행도 글 쓰는 데 유익을 준다. 기회가 주어지면 여행도 마다하지 않으련다. 좋은 글을 쓰기 위해서라면 말이다.

은혜의 눈으로 주변을 돌아보면 모든 것이 감사다. 기적이다. 한동안 율법의 틀 속에 갇혀 답답하고 어두운 영적 터널을 지난 적이 있다. 동굴에 깊이 틀어 박혀 산 적도 있다. 이제 은혜의 바다 속에서 즐겁게 헤엄치며 살고 있다. 더 넓은 세상을 향해 나아가련다. 충성스럽게 여겨 주의 종으로 여전히 사용하시는 하나님께 감사드린다. 평생 그분의 은혜를 기억하고 갚으며 살련다. 앞으로 출판 될 또 다른 책을 기대한다. 끝까지 읽어 준 독자들에게 감사를 드린다.

오래 전에 가족들과 함께 나이아가라 폭포를 방문한 적이 있다. 힘든 때였다. 그 때 들었던 폭포수의 웅장한 소리를 잊지 못한다. 은혜의 폭포수. 한량없는 은혜. 갚을 수 없는 은혜. 저항 할 수 없는 은혜. 그 놀라운 하나님의 은혜의 폭포수를 맞으며 소망을 가졌다. 그 폭포수의 소리가 지금도 뇌리에서 울린다. 감사와 찬송으로 살련다. 더 큰 목회의 기적과 간증과 은혜를 꿈꾼다. 그렇게 주님이 주신 믿음으로 벽을 넘었다(히 11:6).

제기동 목양실에서

2017. 6. 29.

옥광석 목사

"나의 힘이 되신 여호와여 내가 주를 사랑하나이다 여호와는 나의 반석
이시요 나의 요새시요 나를 건지시는 이시요 나의 하나님이시요 내가
그 안에 피할 나의 바위시요 나의 방패시요 나의 구원의 뿔이시요 나의
산성이시로다"(시 18:1–2).

믿음으로 벽을 넘다

초판 1쇄 2017. 7. 31

지은이/ 옥광석
펴낸이/ 설규식
펴낸곳/ 도서출판 첨탑
주 소/ 서울시 마포구 독막로 331(도화동)
　　　　마스터즈타워 1903호
전 화/ 02)313-1781
팩 스/ 02)392-4231
이메일/ CTP781@daum.net
등 록/ 제10-2171호 (2001. 6. 19)
책번호/ 091

ISBN 978 89-89759-91-1 03230
*책값은 뒤표지에 있습니다.